일본어는 4가지 문자로 표기해요!

1. 히라가나
히라가나는 한자의 일부분을 따거나 흘려쓰기가 변형되어 만들어진 문자예요. 옛날 궁정 귀족의 여성들이 주로 쓰던 문자였지만, 지금은 문장을 쓸 때 가장 일반적으로 쓰이는 문자이지요. 일본어를 시작할 때는 무조건 익혀야 해요.

2. 가타카나
가타카나는 한자의 일부분을 따거나 획을 간단히 한 문자예요. 히라가나와 발음이 똑 같지만 가타카나는 주로 외래어를 표기할 때 사용하죠. 그밖에 의성어나 어려운 한자로 표기해야 할 동식물의 이름 등에도 사용해요.

3. 한자
우리는 한글만으로 모든 발음을 표기할 수 있지요. 그런데 일본어는 히라가나와 가타카나만으로 표기하기에는 그 발음 숫자가 너무 적어서 한자를 쓰지 않으면 내용을 정확히 알 수 없어요. 한자 읽기는 음독과 훈독이 있으며 우리와는 달리 읽는 방법이 다양해요. 또한 일부 한자는 자획을 정리한 약자(신자체)를 사용해요.

4. 로마자
히라가나와 가타카나 그리고 한자는 일본어 표기에 기본이 되는 문자예요. 다른 나라 사람들도 읽을 수 있도록 우리가 로마자(알파벳)로 한글 발음을 표기하는 것처럼 일본어에서도 각 문자마다 로마자 표기법을 정해 사용하고 있어요. 로마자 표기법도 함께 익혀 두세요.

BIG PICTURE

랭컴출판사의 비픽처는 누구나 즐기면서 신나게 공부할 수 있는
색칠공부(컬러링북)와 따라쓰기 교재를 연구하고 개발하는 사람들이 모여서
큰 그림을 그리면서 작품 활동을 하고 있습니다.

엄마가 골라주는
일본어 가타카나 따라쓰기

2023년 05월 05일 초판 1쇄 인쇄
2023년 05월 10일 초판 1쇄 발행

지은이 BIG PICTURE
발행인 손건
편집기획 김상배, 장수경
마케팅 최관호, 김재명
디자인 Purple
제작 최승용
인쇄 선경프린테크

발행처 *LanCom* 랭컴
주소 서울시 영등포구 영신로34길 19, 3층
등록번호 제 312-2006-00060호
전화 02) 2636-0895
팩스 02) 2636-0896
홈페이지 www.lancom.co.kr
이메일 elancom@naver.com

ⓒ 랭컴 2023
ISBN 979-11-92199-40-5 73730

이 책의 저작권은 저자에게 있습니다. 저자와 출판사의 허락없이
내용의 일부를 인용하거나 발췌하는 것을 금합니다.

엄마가 골라주는 일본어 가타카나 따라쓰기

한글로 가타카나 발음을 크게 표시했어요. 아래는 로마자 표기예요. 금방 눈에 들어어죠. 가타카나 발음을 크게 소리내어 읽어봐요.

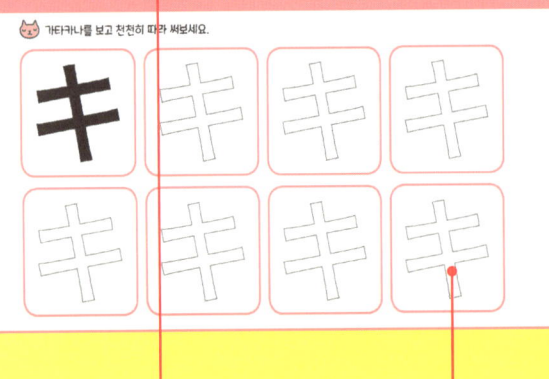

스마트폰 카메라로 QR코드를 대보세요. 가타카나 쓰기 순서가 천천히 동영상으로 나오죠. 보면서 아주 쉽게 따라 쓸 수 있어요.

모두 쓰기 편하도록 아주 큰 가타카나로 표기했지요. 먼저 순서대로 화살표를 따라 손가락으로 그려보세요. 그리고 연필로 천천히 써보세요.

자, 위에서 가타카나 쓰기 순서를 익혔나요? 아직 모르겠다면 가타카나 위에 따라쓰기를 해보세요. 천천히 따라쓰기를 할 수 있도록 7개의 가타카나를 네모칸에 두었어요. 여러 번 반복해서 연습할 수 있죠.

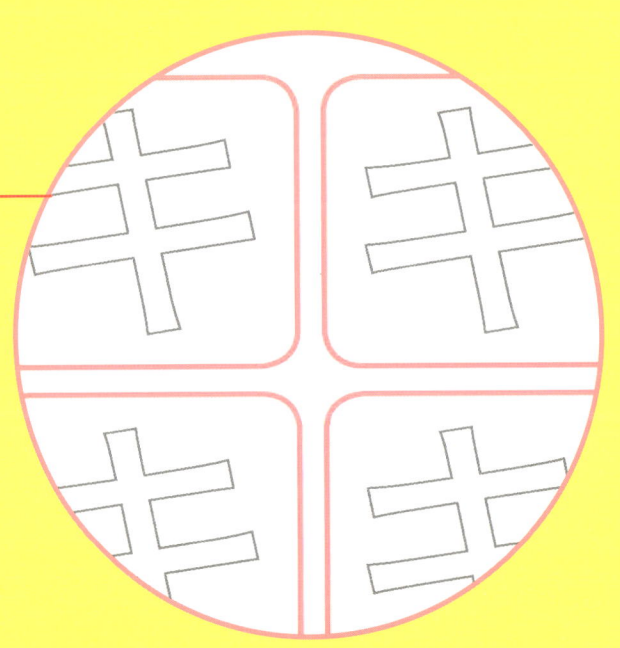

가타카나가 단어에서는
어떻게 쓰이는지 확인해요.
가타카나 위의 한글은 발음이고,
그 아래는 단어의 뜻이에요.
단어를 큰 소리로 읽어보세요.
물론 일본인의 발음도 들어야겠죠.
QR코드를 찍으면 일본인의
정확한 발음을 들을 수 있어요.

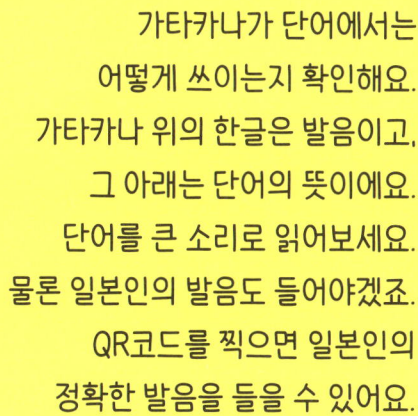

단어 하나를 선정하여
알맞는 그림을 두었어요.
그림을 보면서 상상해보세요.
훨씬 기억에 오래 남을 거예요.

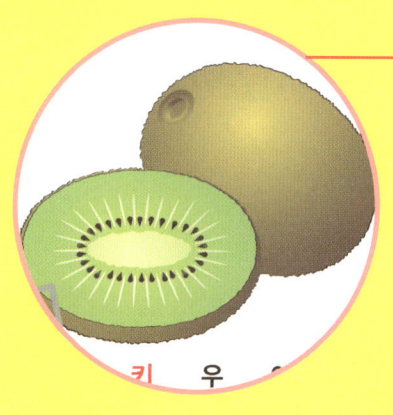

색연필을 준비하세요.
가타카나 쓰기 순서에 따라 여러 가지
색깔로 예쁘게 색칠해보세요.
그럼 가타카나가 그림처럼 느껴질 거예요.

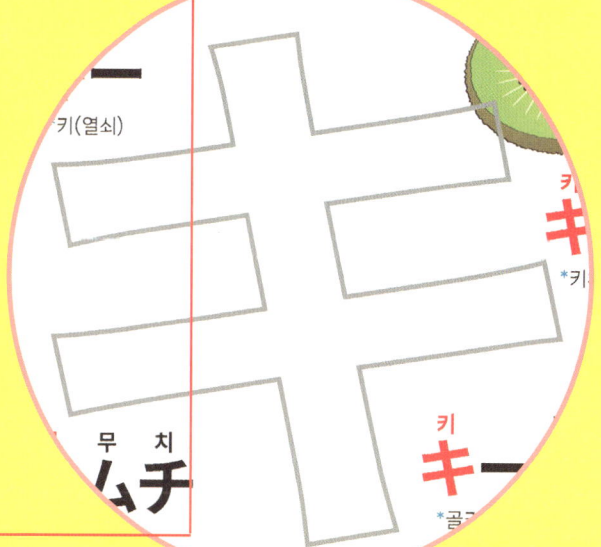

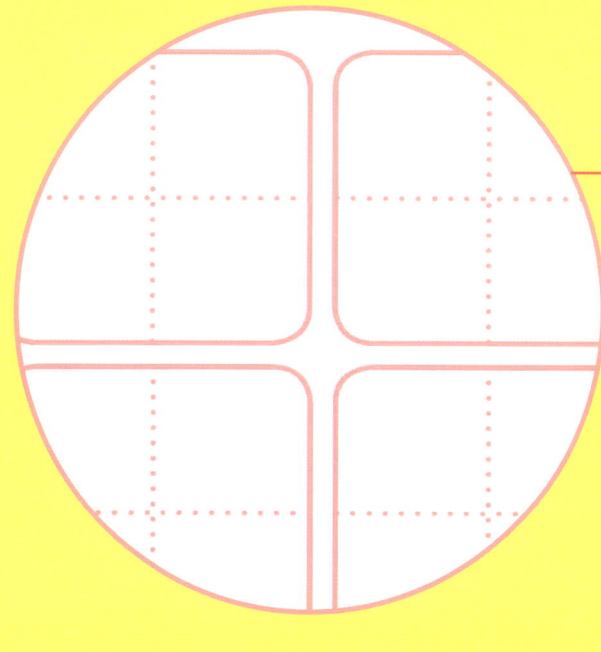

이제 마무리해요.
가타카나를 보지 말고 네모칸에 또박또박 써보세요.
당연히 네모 빈칸을 모두 채워야겠죠.

아
[a]

손가락으로 화살표를 따라 그려보고 연필로 써보세요.

ア

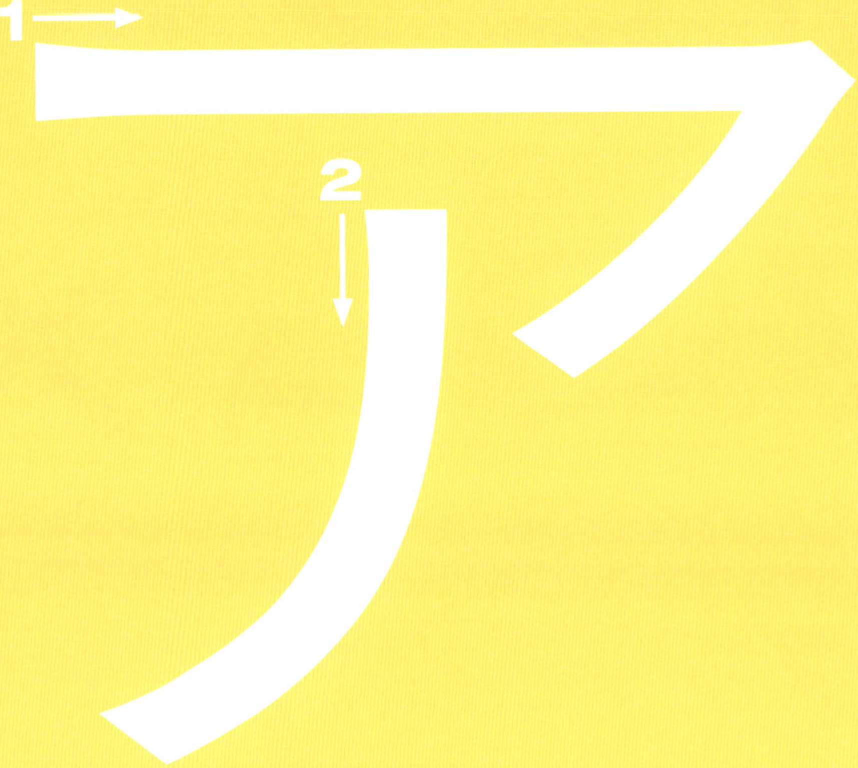

가타카나를 보고 천천히 따라 써보세요.

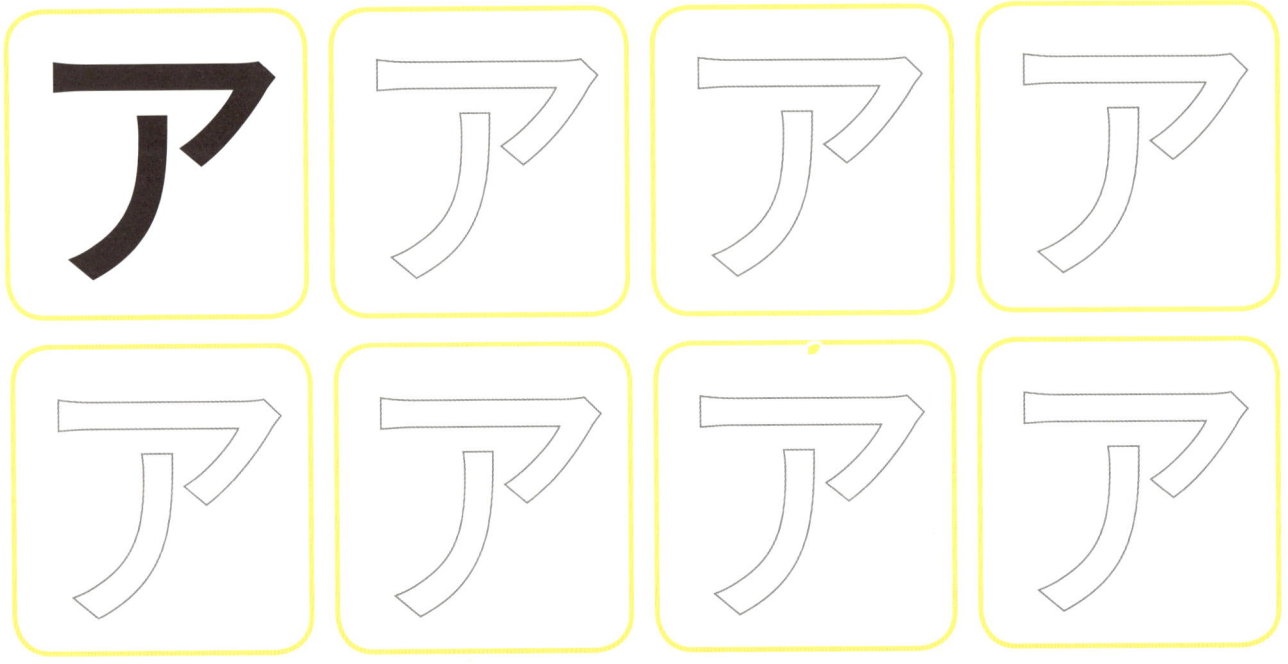

단어를 큰소리로 읽고 가타카나를 예쁘게 색칠해요.

안 떼 나
アンテナ
*안테나

아 루 바 무
アルバム
*앨범

아 메 리 까
アメリカ
*미국

아 이 롱
アイロン
*다리미

가타카나를 보지 말고 또박또박 써보세요.

☀️ 손가락으로 화살표를 따라 그려보고 연필로 써보세요.

이
[i]

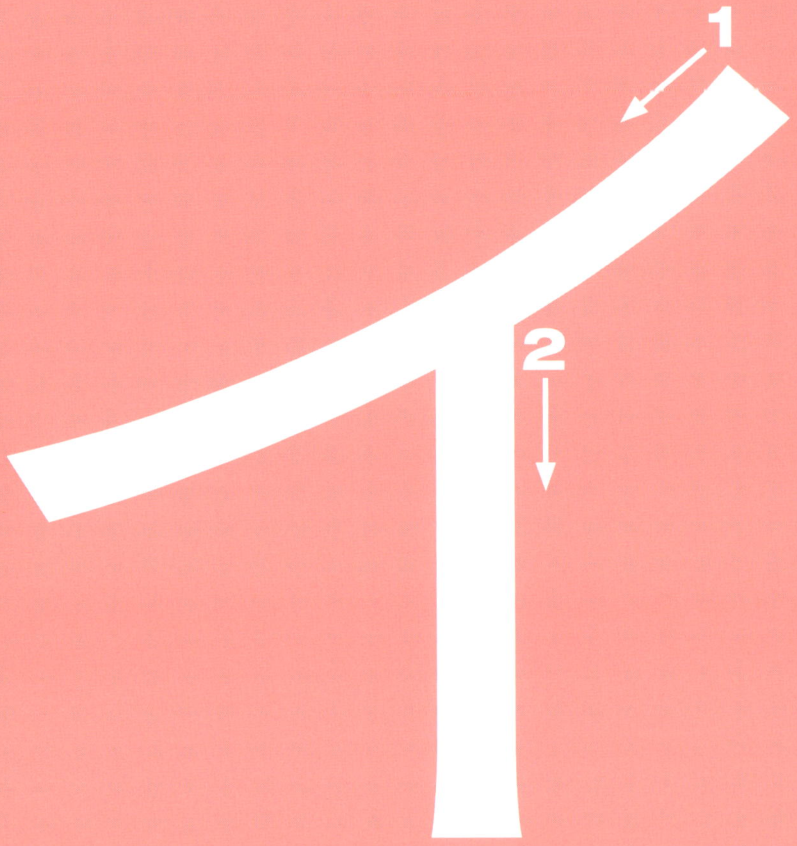

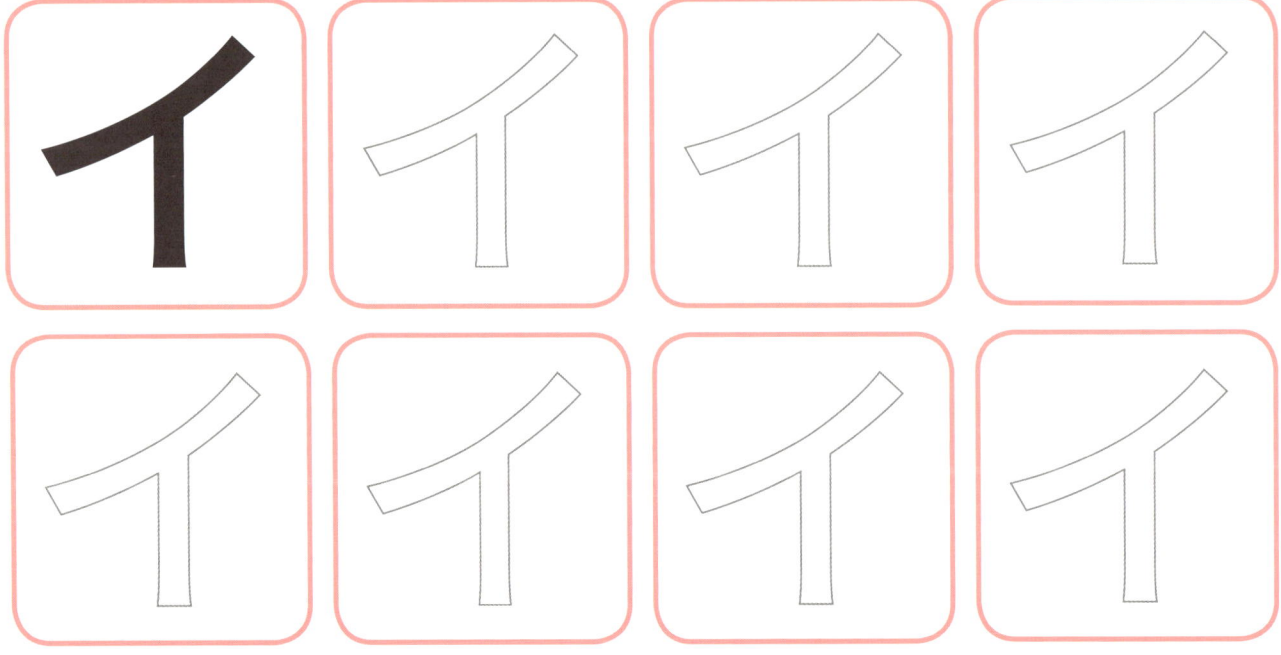

🐱 가타카나를 보고 천천히 따라 써보세요.

단어를 큰소리로 읽고 가타카나를 예쁘게 색칠해요.

이 기 리 스
イギリス
*영국

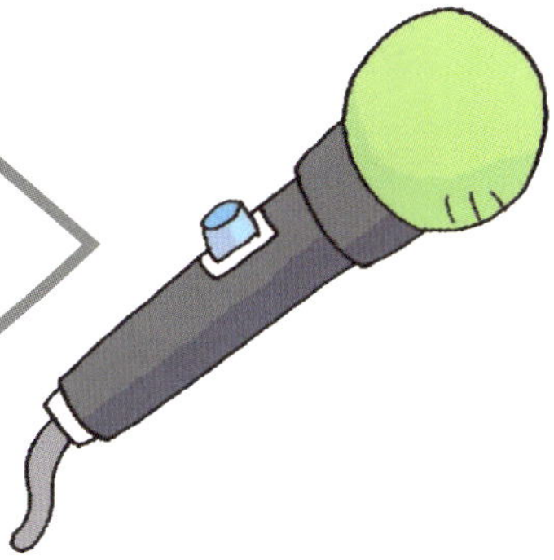

마 이 꾸
マイク
*마이크

이 아 링 구
イアリング
*이어링(귀걸이)

인 따 홍
インターホン
*인터폰

'ー'는 길게 발음 해요.

가타카나를 보지 말고 또박또박 써보세요.

☀️ 손가락으로 화살표를 따라 그려보고 연필로 써보세요.

우
[u]

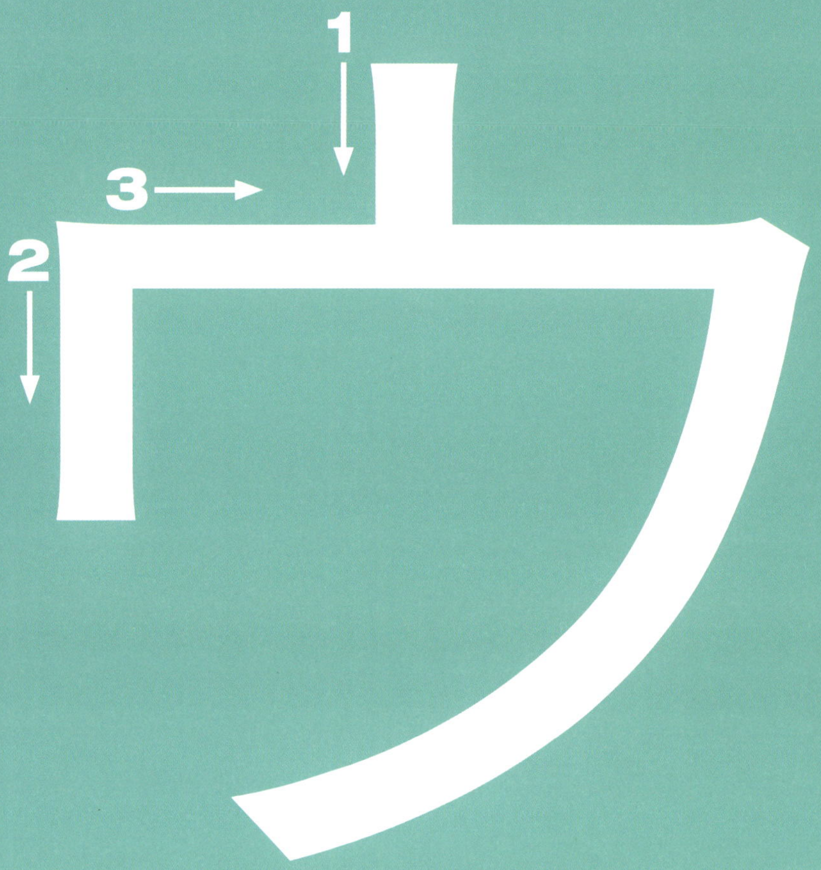

🐱 가타카나를 보고 천천히 따라 써보세요.

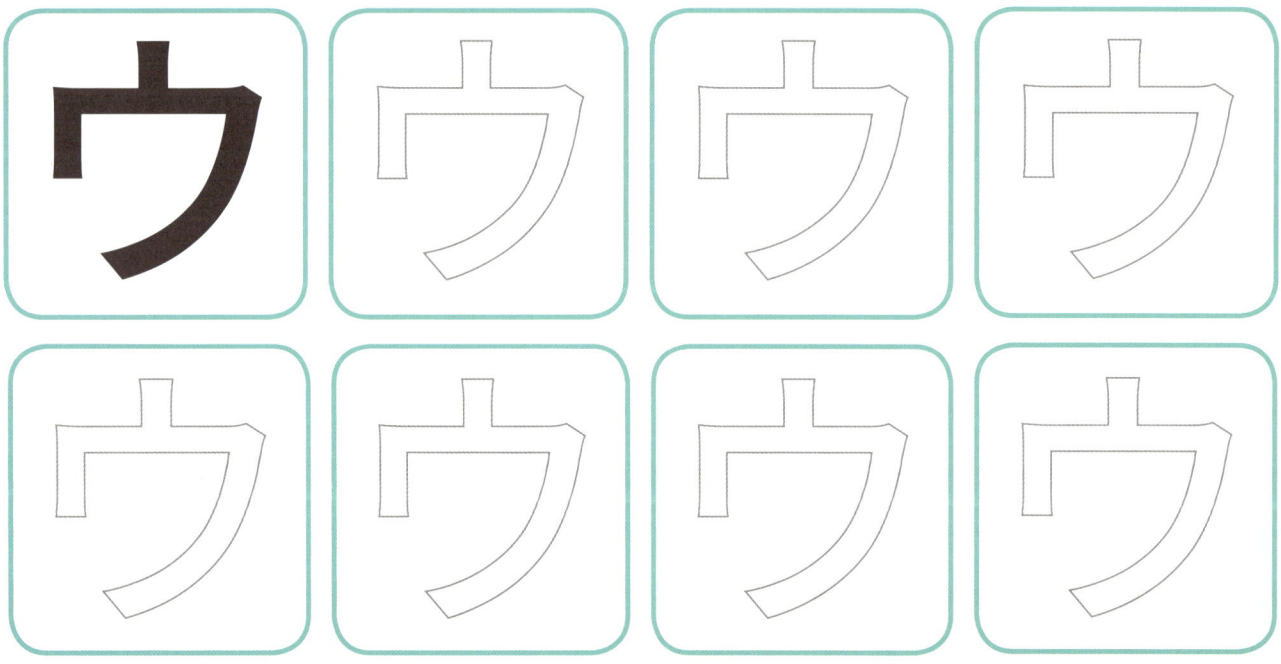

🌥 단어를 큰소리로 읽고 가타카나를 예쁘게 색칠해요.

우 꾸 레 레
ウクレレ
*우쿨렐레

우 에 하 스
ウエハース
*웨이퍼스(웨하스)

우 루 또 라
ウルトラ
*울트라

우 이 루 스
ウイルス
*바이러스

🐱 가타카나를 보지 말고 또박또박 써보세요.

☀️ 손가락으로 화살표를 따라 그려보고 연필로 써보세요.

에
[e]

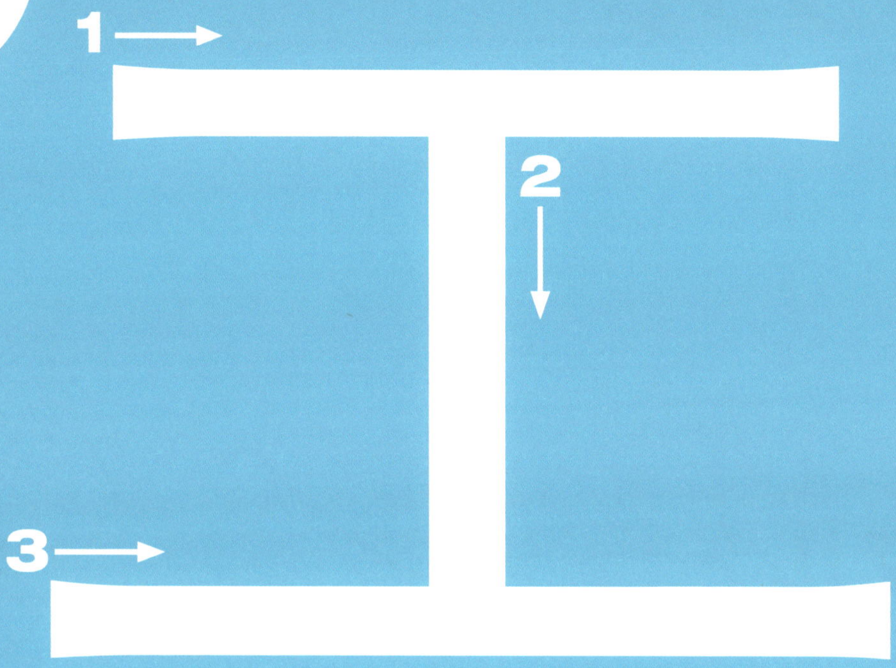

1 →
2 ↓
3 →

🐱 가타카나를 보고 천천히 따라 써보세요.

단어를 큰소리로 읽고 가타카나를 예쁘게 색칠해요.

에 아 꽁
エアコン
*에어컨

에 스 끼 모
エスキモー
*에스키모

에 뿌 롱
エプロン
*에이프런

엔 징
エンジン
*엔진

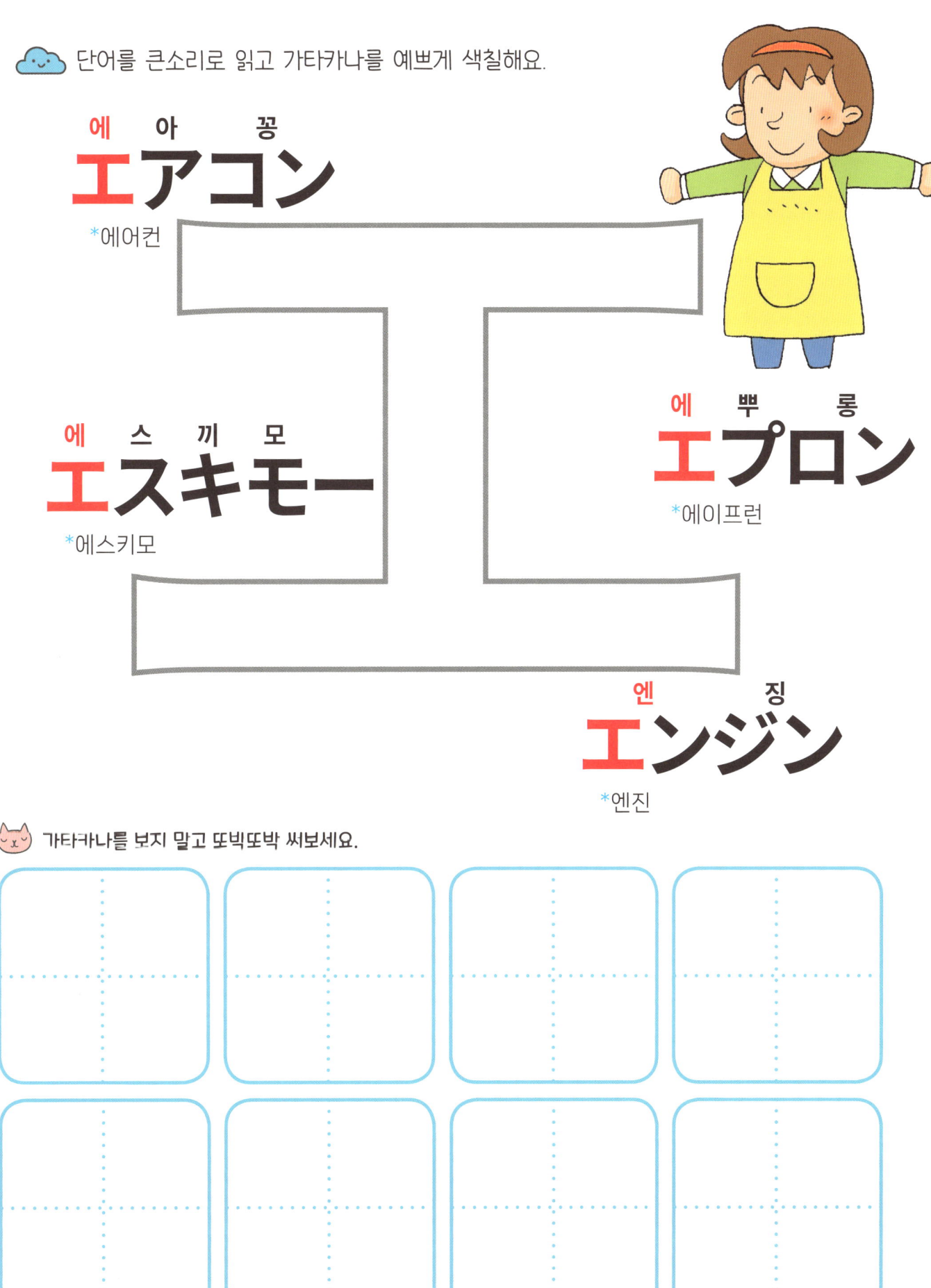

가타카나를 보지 말고 또박또박 써보세요.

오
[o]

🌅 손가락으로 화살표를 따라 그려보고 연필로 써보세요.

オ

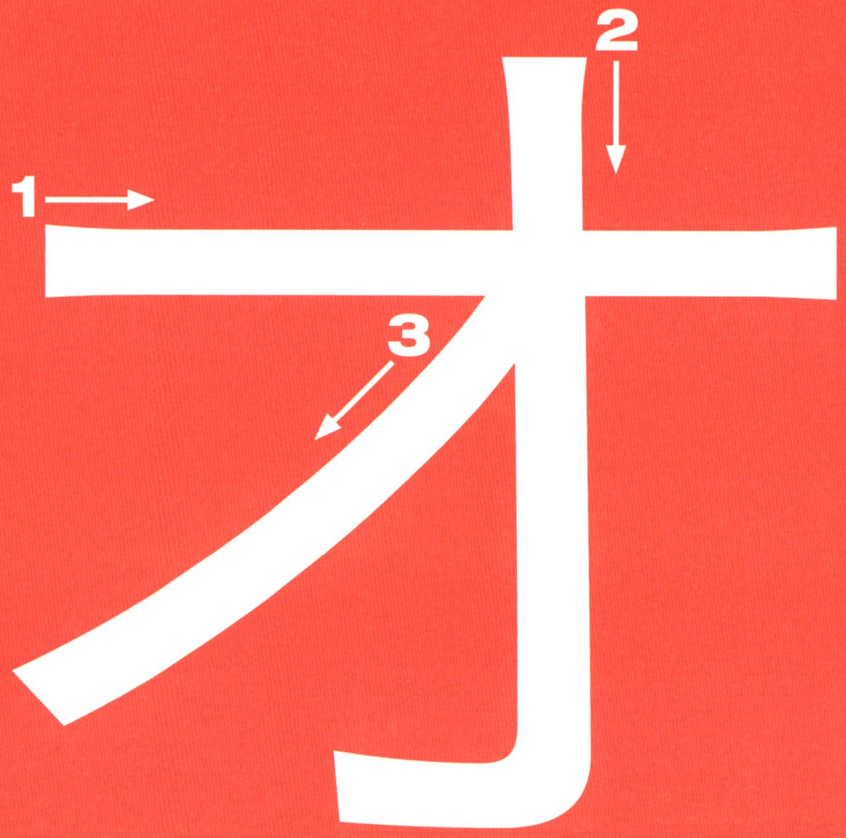

🐱 가타카나를 보고 천천히 따라 써보세요.

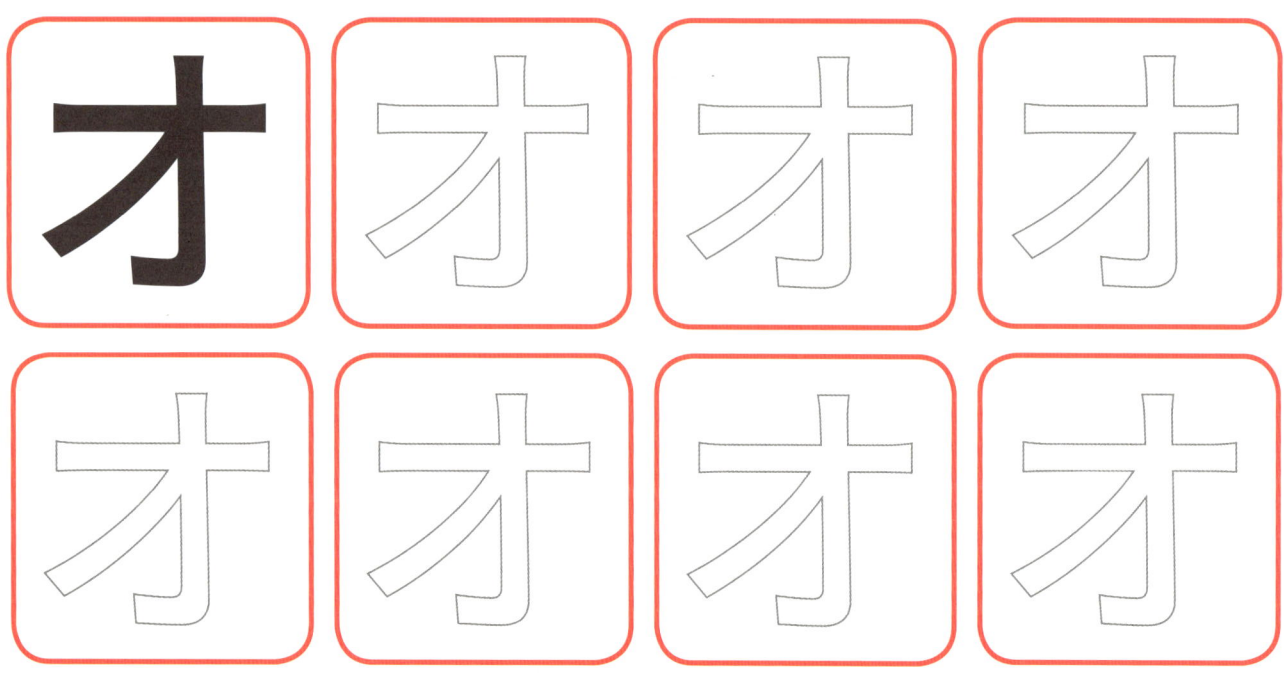

단어를 큰소리로 읽고 가타카나를 예쁘게 색칠해요.

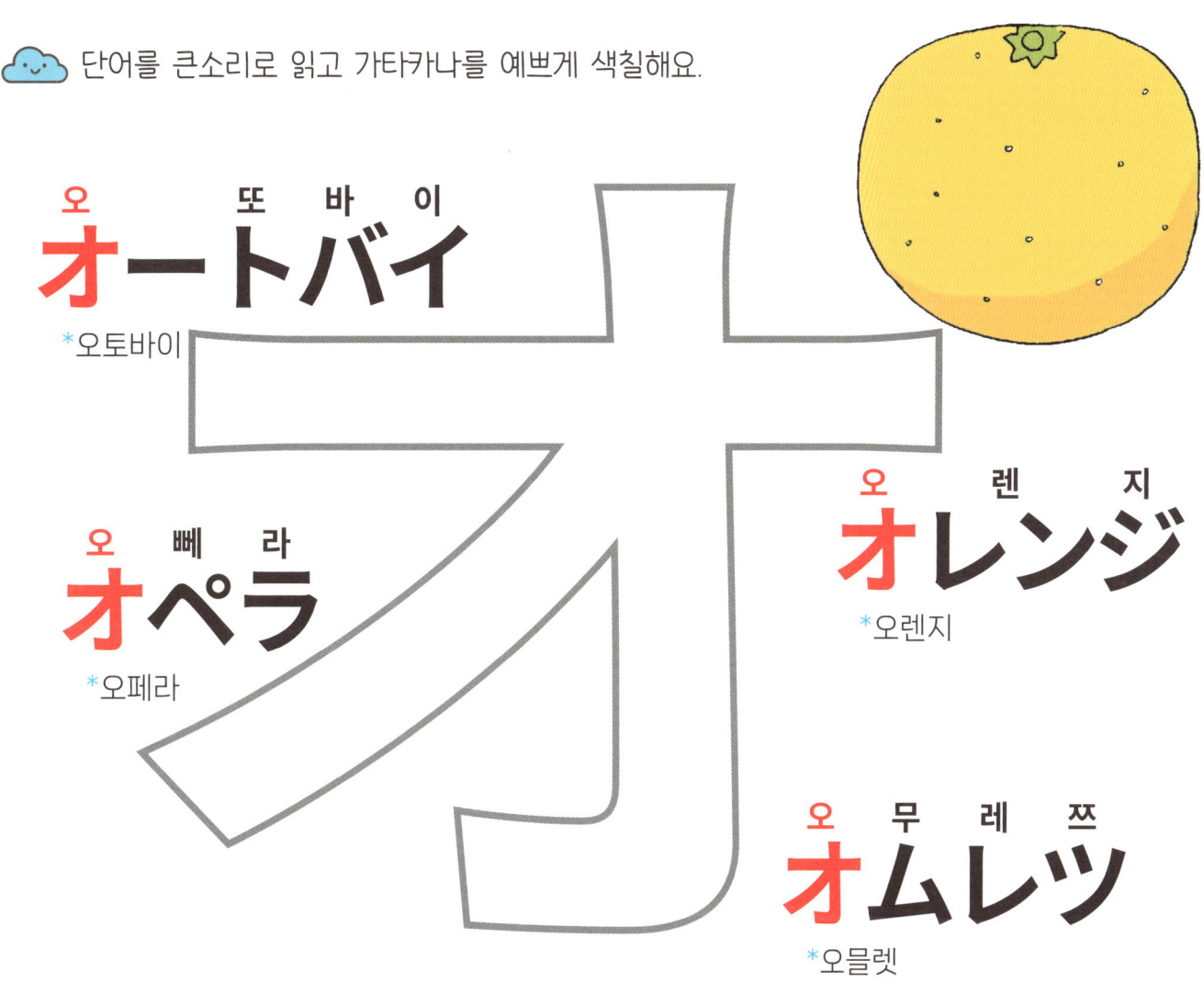

오 또 바 이
オートバイ
*오토바이

오 뻬 라
オペラ
*오페라

오 렌 지
オレンジ
*오렌지

오 무 레 쯔
オムレツ
*오믈렛

가타카나를 보지 말고 또박또박 써보세요.

17

👍 다음 가타카나를 보고 알맞는 발음을 선으로 연결해보세요.

ア •   • 우
イ •   • 오
ウ •   • 에
エ •   • 이
オ •   • 아

🍦 다음 발음을 보고 알맞는 가타카나에 동그라미를 치세요

우 [u]   　ア　イ　ウ　エ　オ

에 [e]   　ア　イ　ウ　エ　オ

아 [a]   　ア　イ　ウ　エ　オ

오 [o]   　ア　イ　ウ　エ　オ

이 [i]   　ア　イ　ウ　エ　オ

다음 발음을 듣고 그림에 알맞는 단어를 선으로 연결해보세요.

 다음 발음에 알맞는 가타카나를 네모 칸에 써넣으세요.

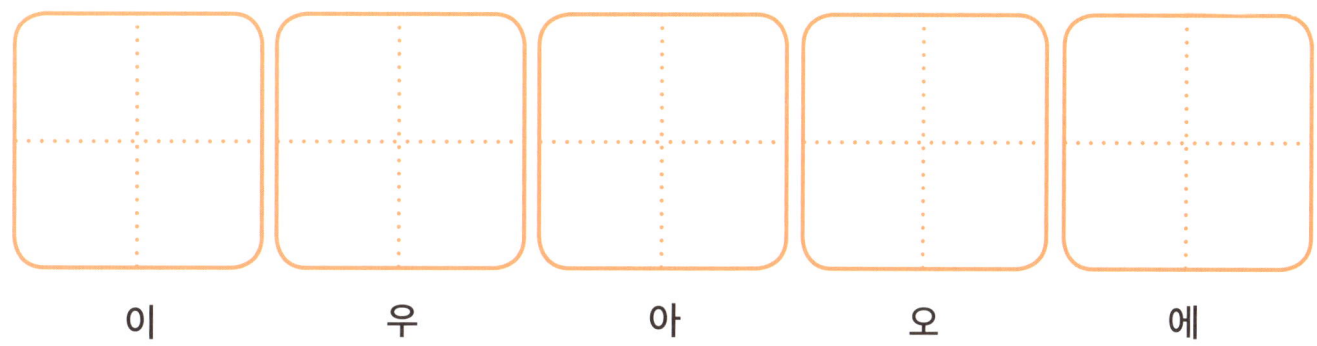

😊 손가락으로 화살표를 따라 그려보고 연필로 써보세요.

카 [ka]

*カ는 단어의 첫 음절이 아닌 중간이나 끝에 오면 '까'로 발음해요.

🐱 가타카나를 보고 천천히 따라 써보세요.

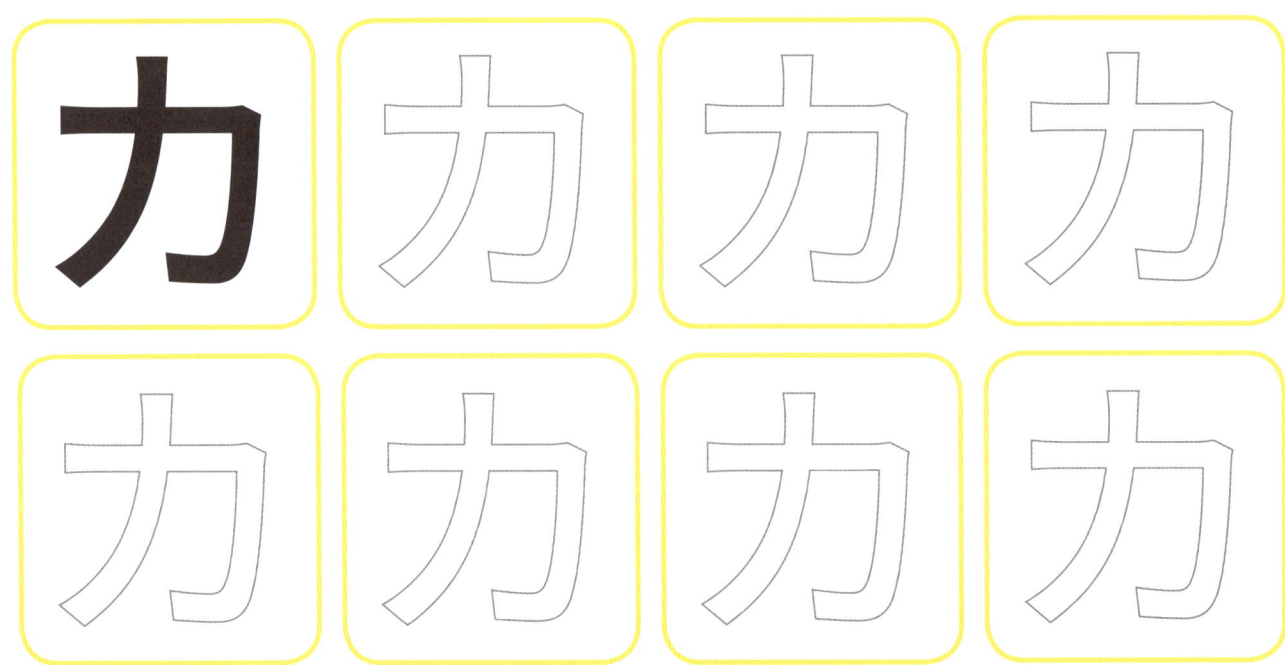

☁️ 단어를 큰소리로 읽고 가타카나를 예쁘게 색칠해요.

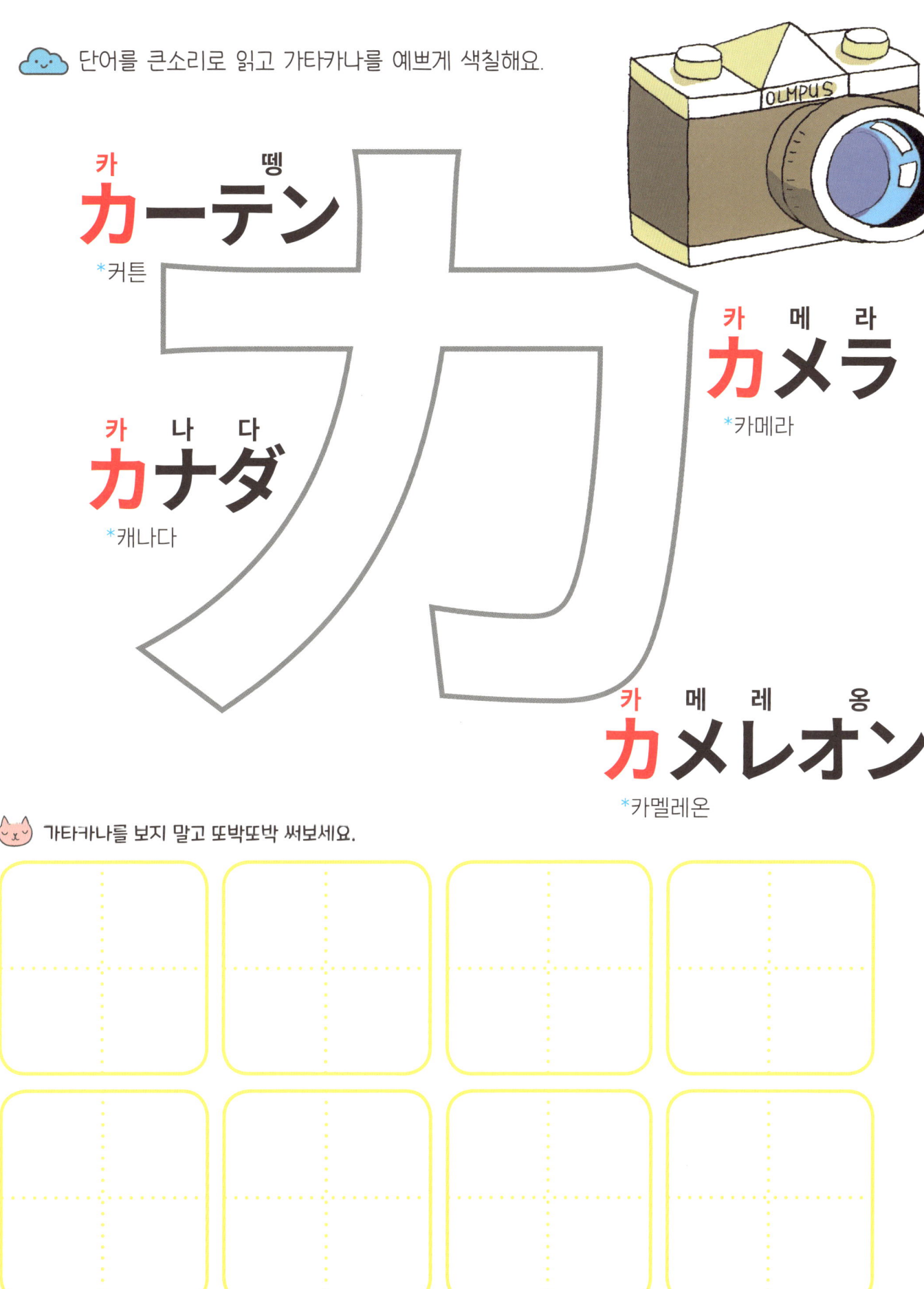

카 **텡**
カーテン
*커튼

카 메 라
カメラ
*카메라

카 나 다
カナダ
*캐나다

카 메 레 옹
カメレオン
*카멜레온

🐱 가타카나를 보지 말고 또박또박 써보세요.

키 [ki]

😊 손가락으로 화살표를 따라 그려보고 연필로 써보세요.

キ

1 →
2 →
3 ↓

*キ는 단어의 첫 음절이 아닌 중간이나 끝에 오면 '끼'로 발음해요.

🐱 가타카나를 보고 천천히 따라 써보세요.

단어를 큰소리로 읽고 가타카나를 예쁘게 색칠해요.

키
キー
*키(열쇠)

키 우 이
キウイ
*키위

키 무 찌
キムチ
*김치

키 빠
キーパー
*골키퍼

가타카나를 보지 말고 또박또박 써보세요.

🌞 손가락으로 화살표를 따라 그려보고 연필로 써보세요.

쿠
[ku]

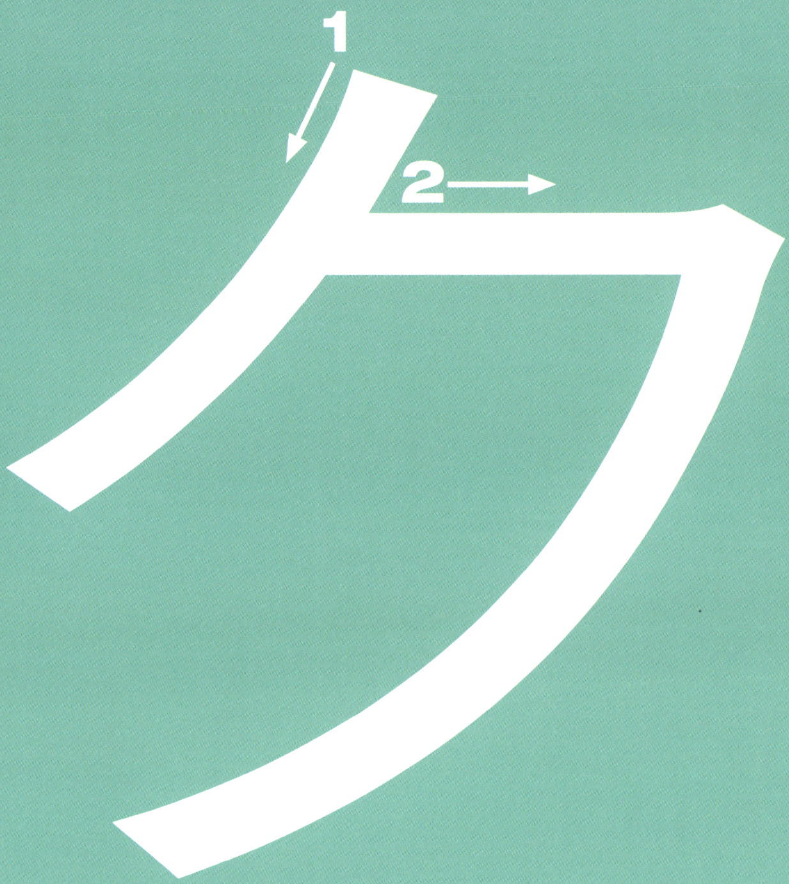

ク

*ク는 단어의 첫 음절이 아닌 중간이나 끝에 오면 '꾸'로 발음해요.

🐱 가타카나를 보고 천천히 따라 써보세요.

☁️ 단어를 큰소리로 읽고 가타카나를 예쁘게 색칠해요.

쿠 이 즈
クイズ
*퀴즈

쿠 레 용
クレヨン
*크레용

쿠 리 스 마 스
クリスマス
*크리스마스

쿡 끼
クッキー
*쿠키

🐱 가타카나를 보지 말고 또박또박 써보세요.

케 [ke]

👆 손가락으로 화살표를 따라 그려보고 연필로 써보세요.

*ケ는 단어의 첫 음절이 아닌 중간이나 끝에 오면 '께'로 발음해요.

🐱 가타카나를 보고 천천히 따라 써보세요.

단어를 큰소리로 읽고 가타카나를 예쁘게 색칠해요.

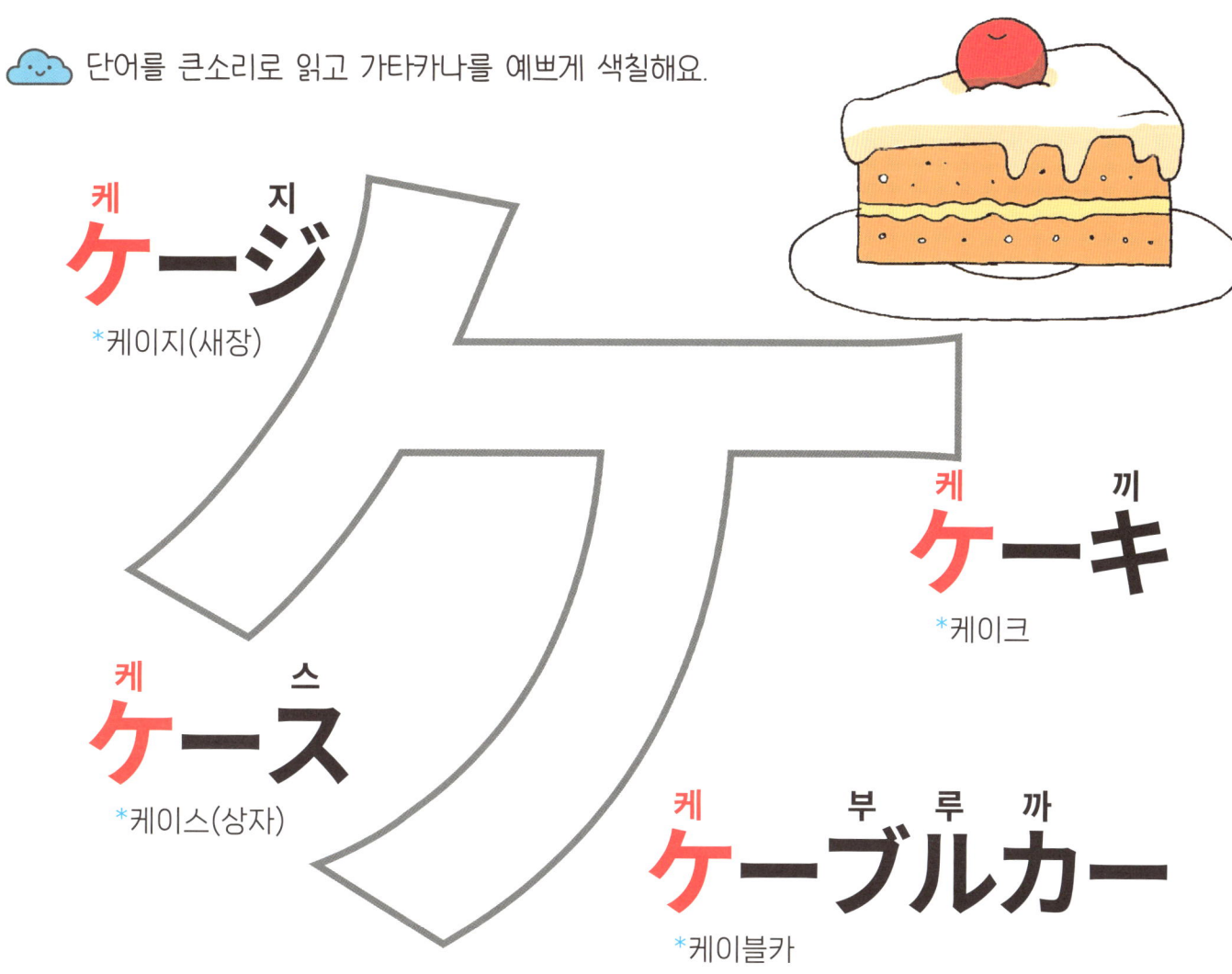

케 지
ケージ
*케이지(새장)

케 끼
ケーキ
*케이크

케 스
ケース
*케이스(상자)

케 부 루 까
ケーブルカー
*케이블카

가타카나를 보지 말고 또박또박 써보세요.

코 [ko]

손가락으로 화살표를 따라 그려보고 연필로 써보세요.

1 →

2 →

*ㅋ는 단어의 첫 음절이 아닌 중간이나 끝에 오면 '꼬'로 발음해요.

가타카나를 보고 천천히 따라 써보세요.

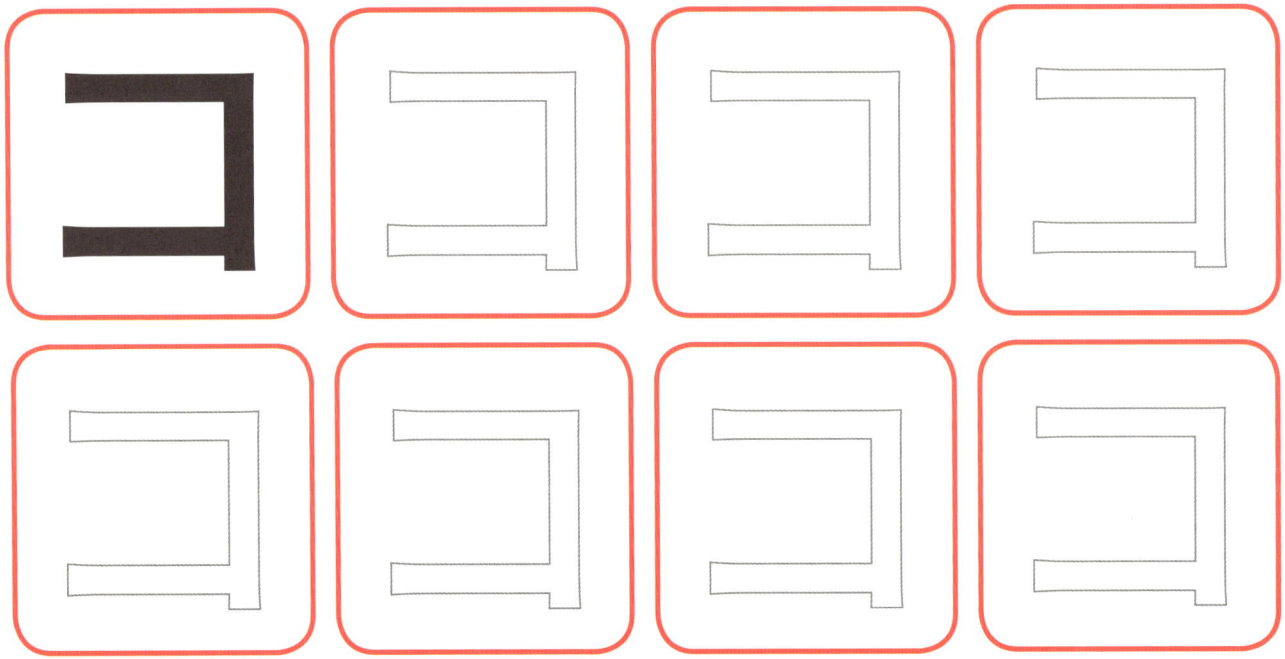

단어를 큰소리로 읽고 가타카나를 예쁘게 색칠해요.

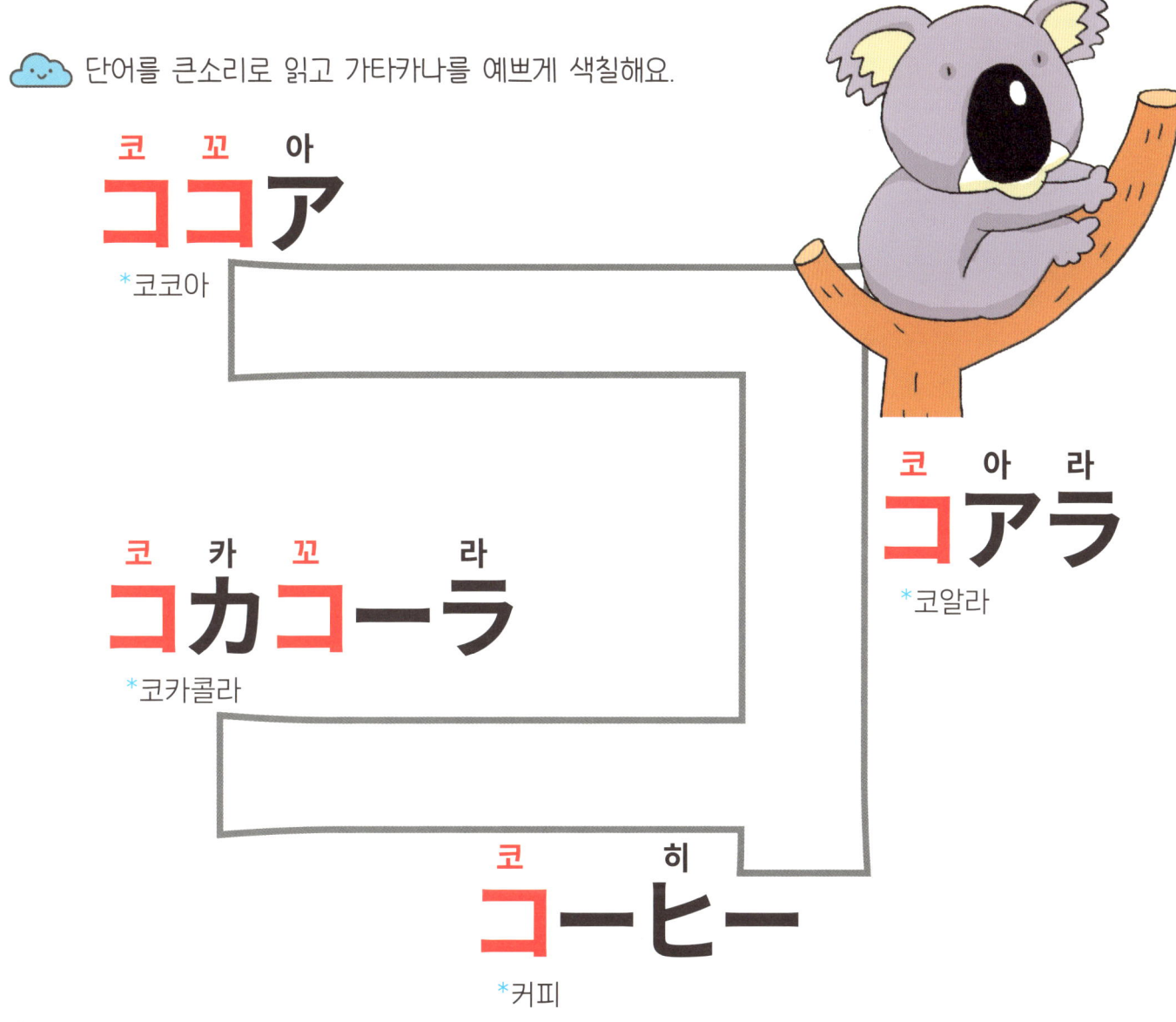

코 꼬 아
ココア
*코코아

코 아 라
コアラ
*코알라

코 카 꼬 라
コカコーラ
*코카콜라

코 히
コーヒー
*커피

가타카나를 보지 말고 또박또박 써보세요.

👍 다음 가타카나를 보고 알맞는 발음을 선으로 연결해보세요.

<pre>
カ •   • 키
キ •   • 코
ク •   • 케
ケ •   • 카
コ •   • 쿠
</pre>

🍦 다음 발음을 보고 알맞는 가타카나에 동그라미를 치세요

케 [ke]   カ キ ク ケ コ

키 [ki]   カ キ ク ケ コ

카 [ka]   カ キ ク ケ コ

쿠 [ku]   カ キ ク ケ コ

코 [ko]   カ キ ク ケ コ

다음 발음을 듣고 그림에 알맞는 단어를 선으로 연결해보세요.

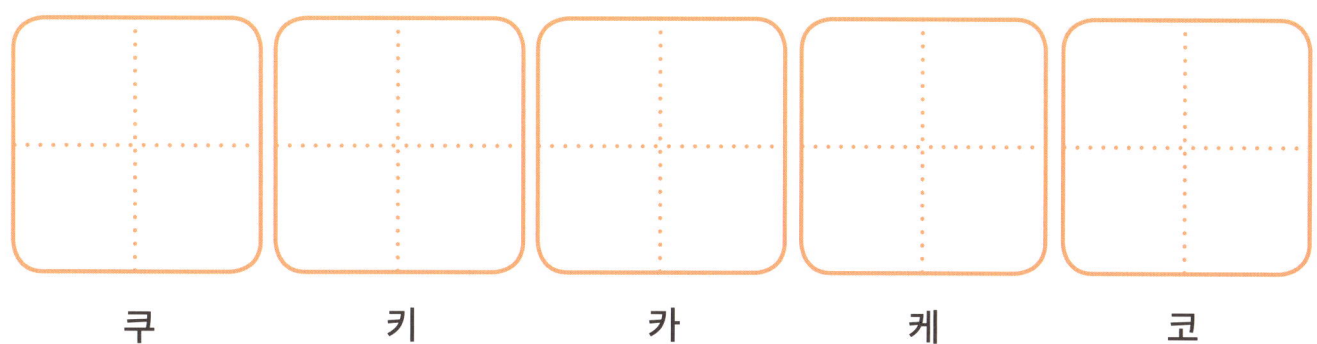 다음 발음에 알맞는 가타카나를 네모 칸에 써넣으세요.

☀️ 손가락으로 화살표를 따라 그려보고 연필로 써보세요.

사
[sa]

サ

🐱 가타카나를 보고 천천히 따라 써보세요.

☁️ 단어를 큰소리로 읽고 가타카나를 예쁘게 색칠해요.

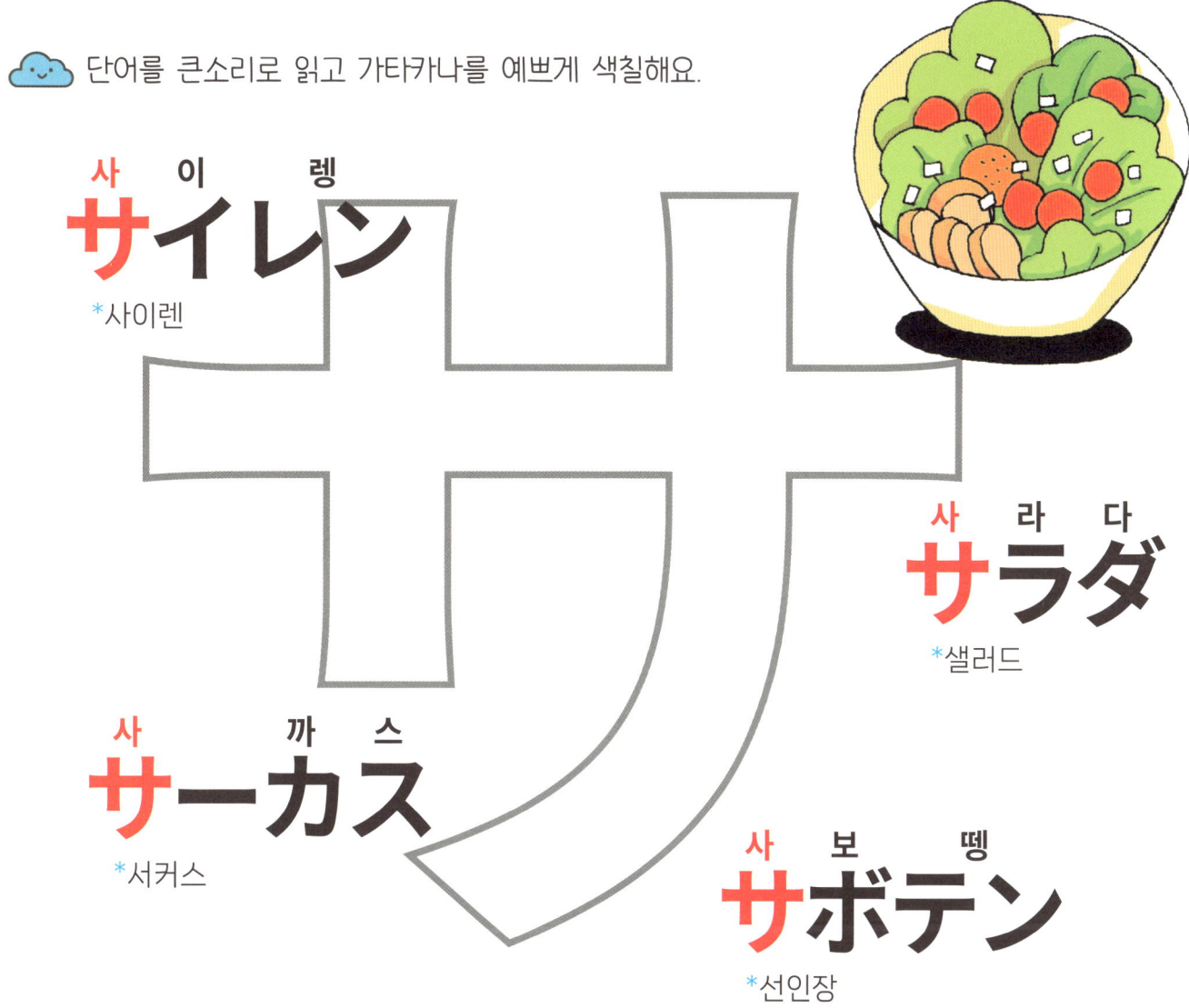

사 이 렝
サイレン
*사이렌

사 라 다
サラダ
*샐러드

사 까 스
サーカス
*서커스

사 보 뗑
サボテン
*선인장

🐱 가타카나를 보지 말고 또박또박 써보세요.

33

시
[shi]

☀️ 손가락으로 화살표를 따라 그려보고 연필로 써보세요.

🐱 가타카나를 보고 천천히 따라 써보세요.

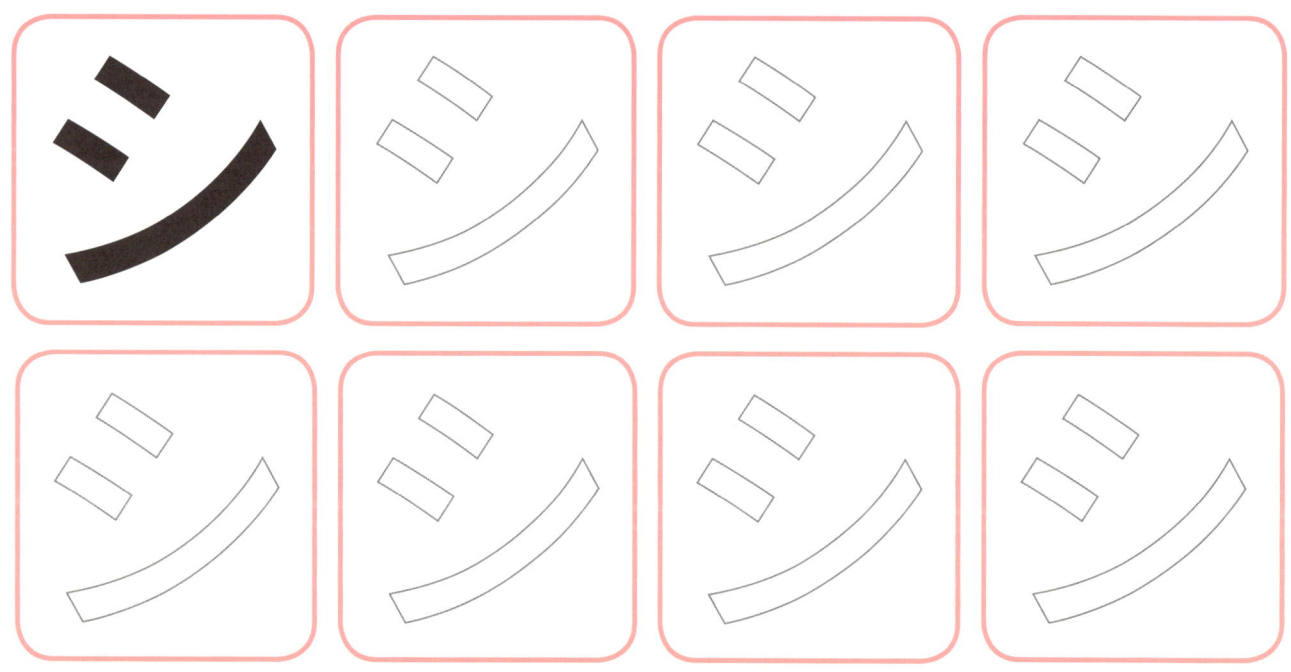

☁️ 단어를 큰소리로 읽고 가타카나를 예쁘게 색칠해요.

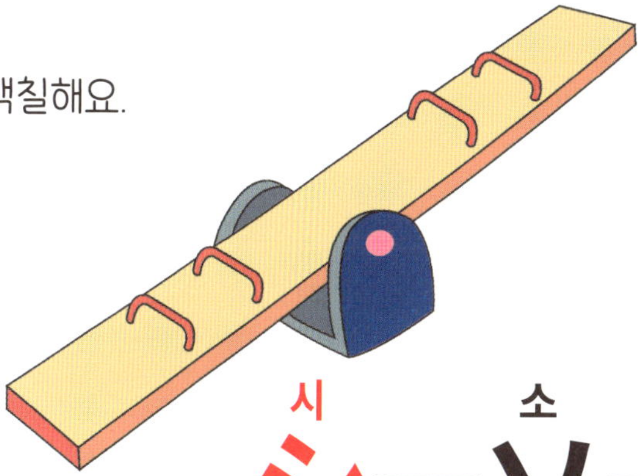

시 쯔
シーツ
*시트

시 소
シーソー
*시소

샤 쯔
シャツ
*셔츠

샤 와
シャワー
*샤워

🐱 가타카나를 보지 말고 또박또박 써보세요.

스 [su]

☀️ 손가락으로 화살표를 따라 그려보고 연필로 써보세요.

ス

*ス는 '수'로 발음하지 않고 '스'로 발음해요.

🐱 가타카나를 보고 천천히 따라 써보세요.

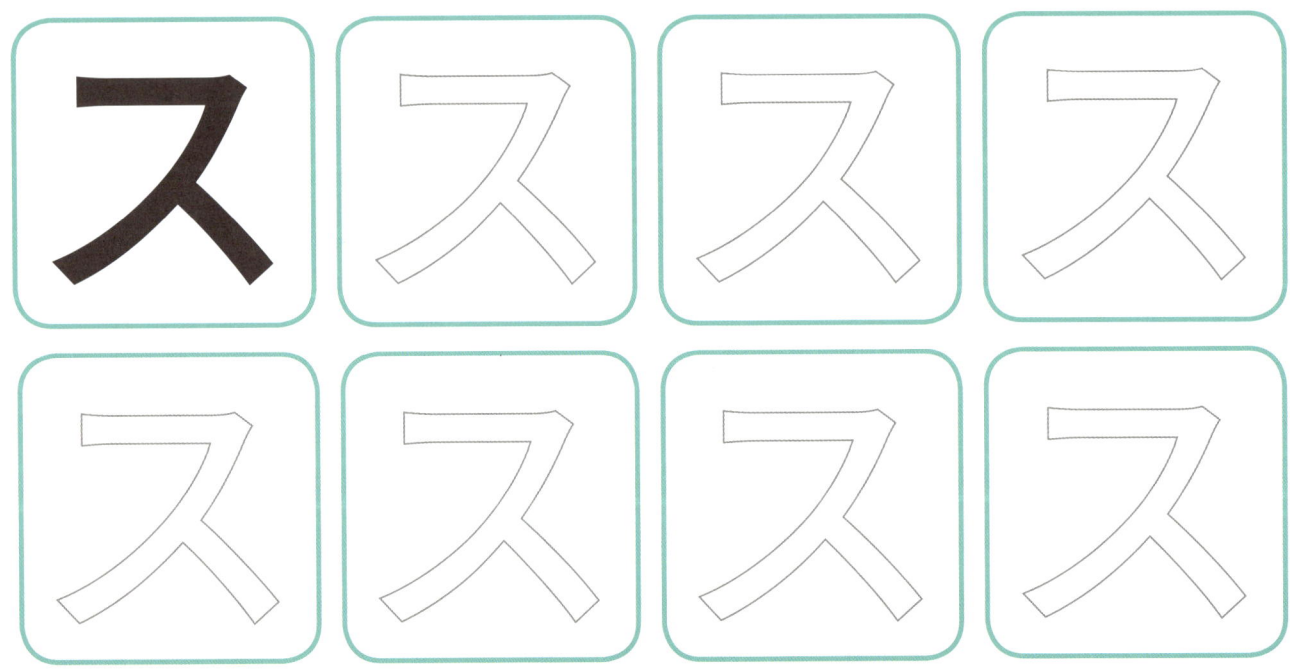

단어를 큰소리로 읽고 가타카나를 예쁘게 색칠해요.

스잇찌
スイッチ
*스위치

스립빠
スリッパ
*슬리퍼

스까또
スカート
*스커트(치마)

스께또
スケート
*스케이트

가타카나를 보지 말고 또박또박 써보세요.

☀️ 손가락으로 화살표를 따라 그려보고 연필로 써보세요.

세
[se]

せ

🐱 가타카나를 보고 천천히 따라 써보세요.

단어를 큰소리로 읽고 가타카나를 예쁘게 색칠해요.

세 루 후
セルフ
*셀프

세 따
セーター
*스웨터

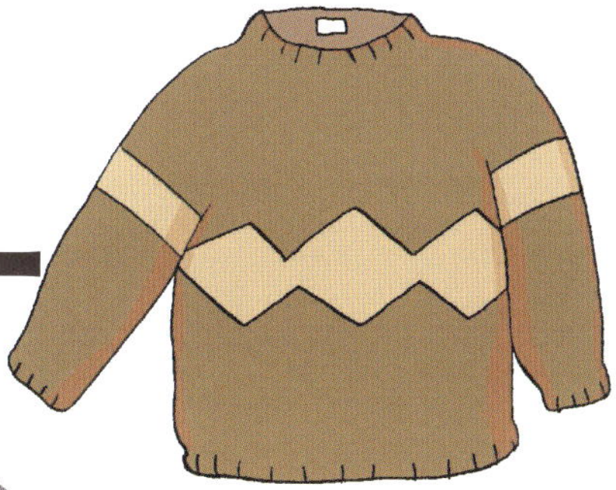

세 로 리
セロリ
*샐러리

세 멘 또
セメント
*시멘트

セ

가타카나를 보지 말고 또박또박 써보세요.

손가락으로 화살표를 따라 그려보고 연필로 써보세요.

소
[so]

가타카나를 보고 천천히 따라 써보세요.

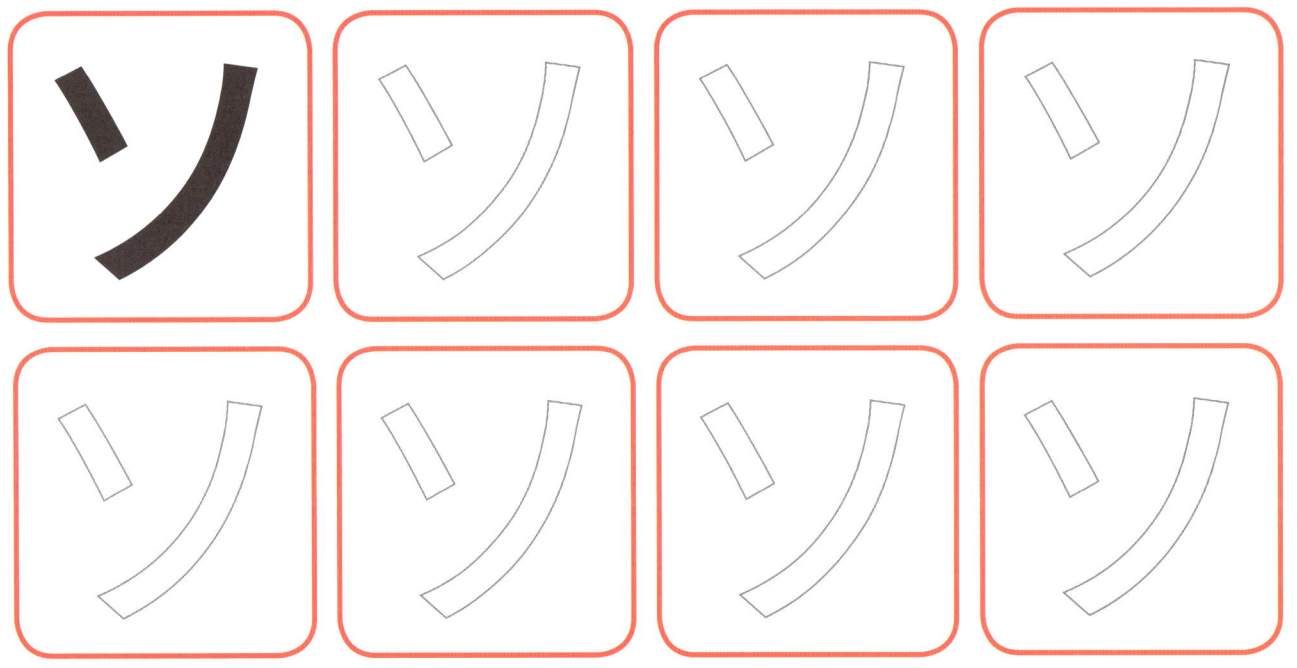

단어를 큰소리로 읽고 가타카나를 예쁘게 색칠해요.

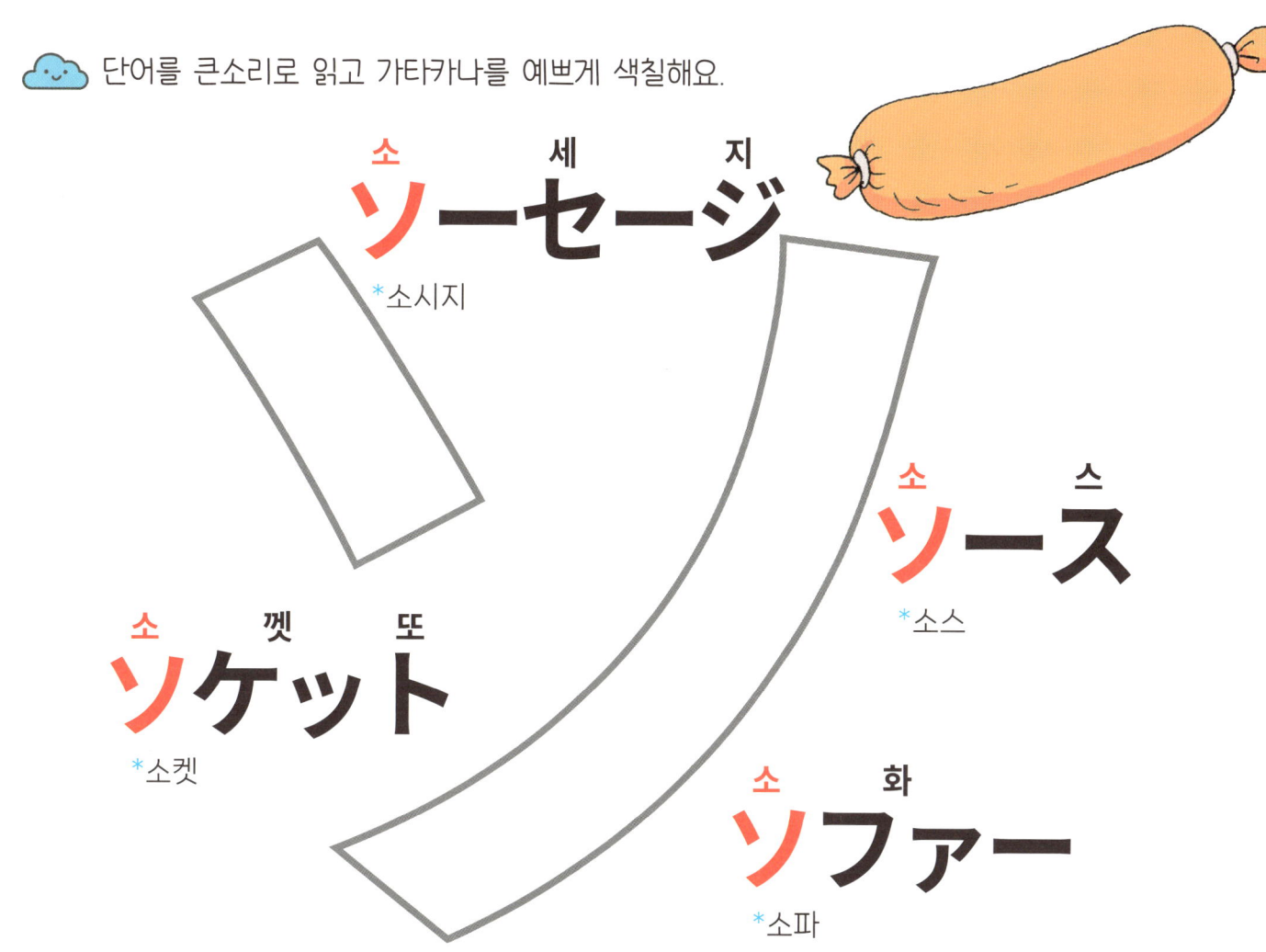

ソーセージ
*소시지

ソース
*소스

ソケット
*소켓

ソファー
*소파

가타카나를 보지 말고 또박또박 써보세요.

👍 다음 가타카나를 보고 알맞는 발음을 선으로 연결해보세요.

サ ・　　　　　　・ 소
シ ・　　　　　　・ 세
ス ・　　　　　　・ 사
セ ・　　　　　　・ 스
ソ ・　　　　　　・ 시

🍦 다음 발음을 보고 알맞는 가타카나에 동그라미를 치세요

스 [su]　　サ　シ　ス　セ　ソ

세 [se]　　サ　シ　ス　セ　ソ

소 [so]　　サ　シ　ス　セ　ソ

사 [sa]　　サ　シ　ス　セ　ソ

시 [shi]　　サ　シ　ス　セ　ソ

🌠 다음 발음을 듣고 그림에 알맞은 단어를 선으로 연결해보세요.

🐱 다음 발음에 알맞은 가타카나를 네모 칸에 써넣으세요.

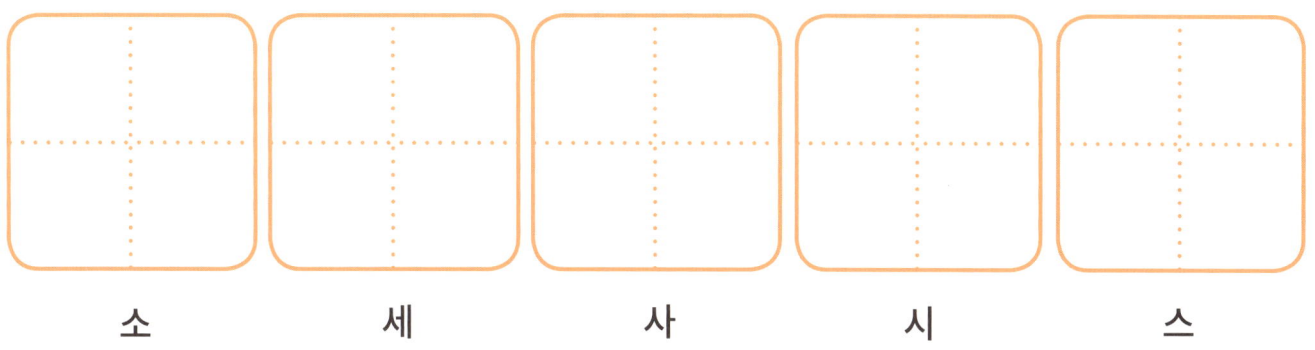

| 소 | 세 | 사 | 시 | 스 |

☀️ 손가락으로 화살표를 따라 그려보고 연필로 써보세요.

타
[ta]

*夕는 단어의 첫 음절이 아닌 중간이나 끝에 오면 '따'로 발음해요.

🐱 가타카나를 보고 천천히 따라 써보세요.

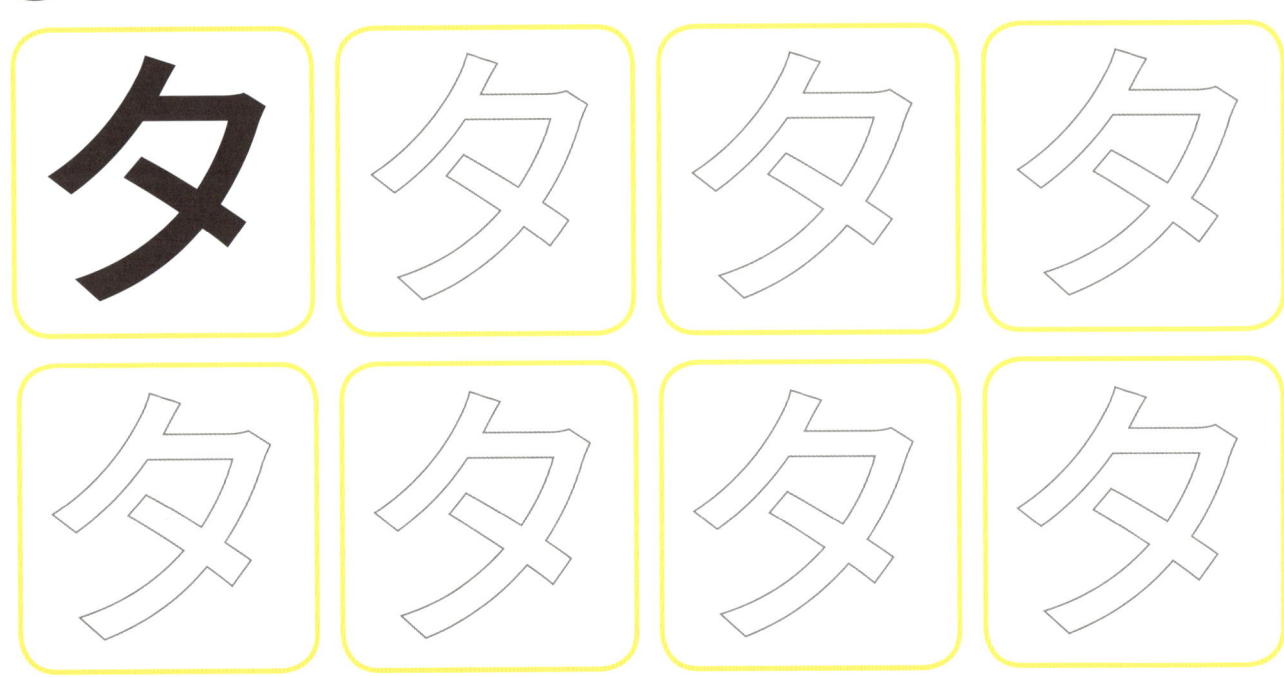

☁️ 단어를 큰소리로 읽고 가타카나를 예쁘게 색칠해요.

タワー (타와)
*타워

タオル (타오루)
*타월

タクシー (타꾸시)
*택시

タイマー (타이마)
*타이머

🐱 가타카나를 보지 말고 또박또박 써보세요.

치 [chi]

😊 손가락으로 화살표를 따라 그려보고 연필로 써보세요.

チ

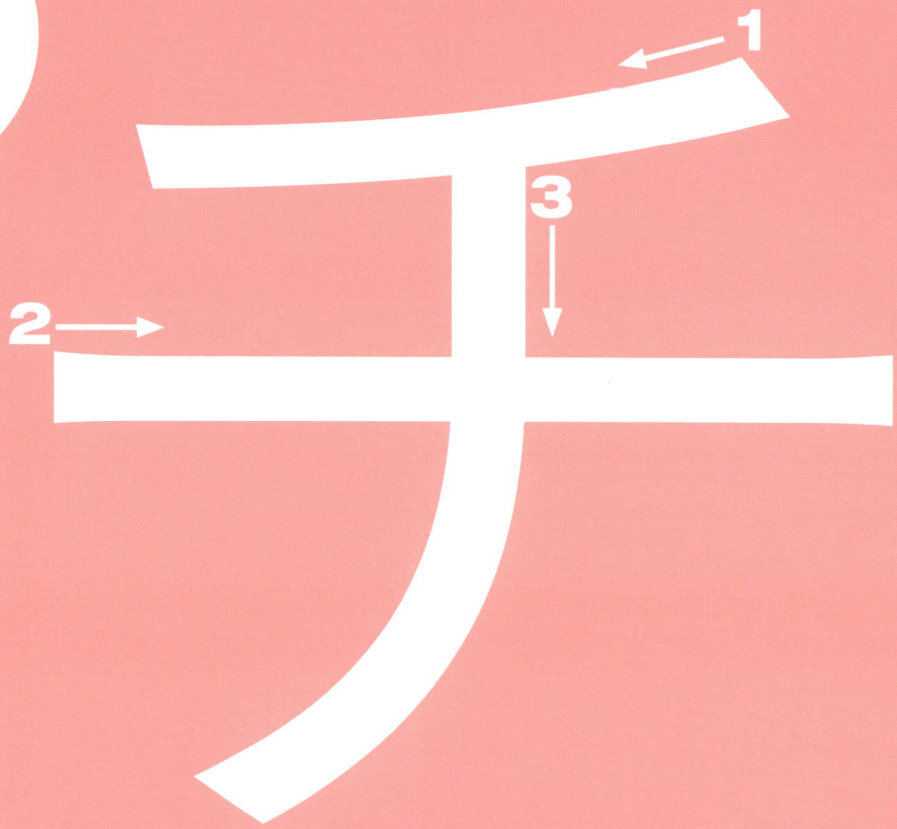

*チ는 단어의 첫 음절이 아닌 중간이나 끝에 오면 '찌'로 발음해요.

🐱 가타카나를 보고 천천히 따라 써보세요.

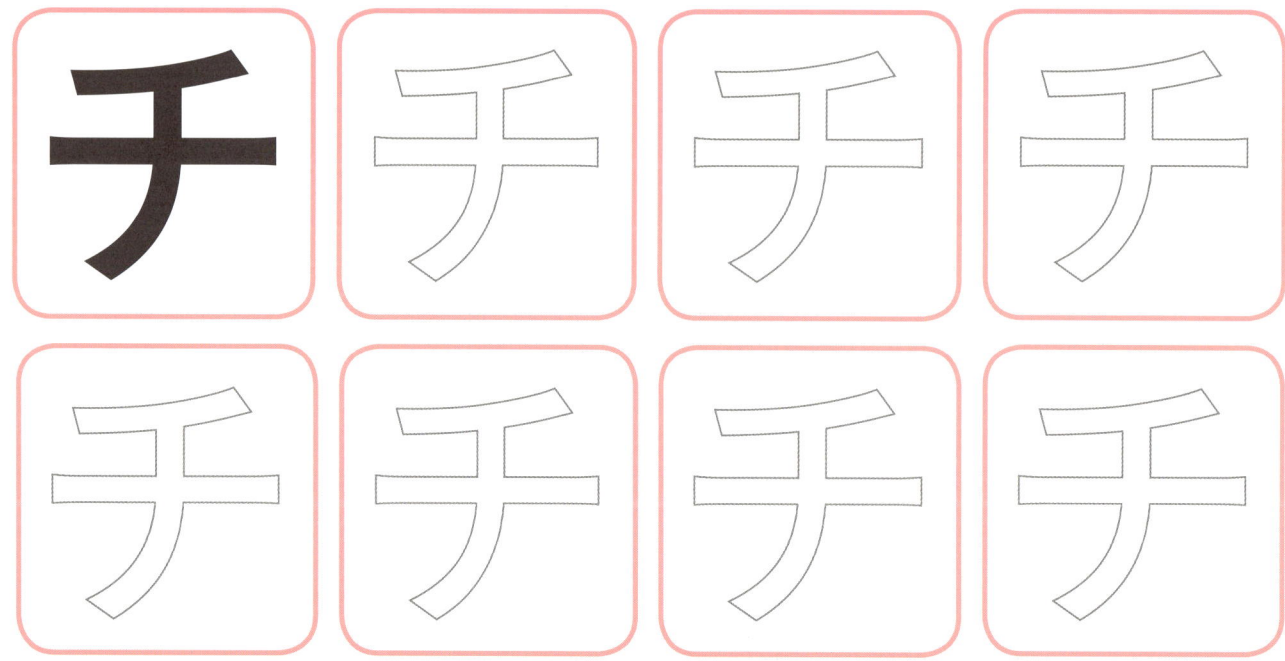

단어를 큰소리로 읽고 가타카나를 예쁘게 색칠해요.

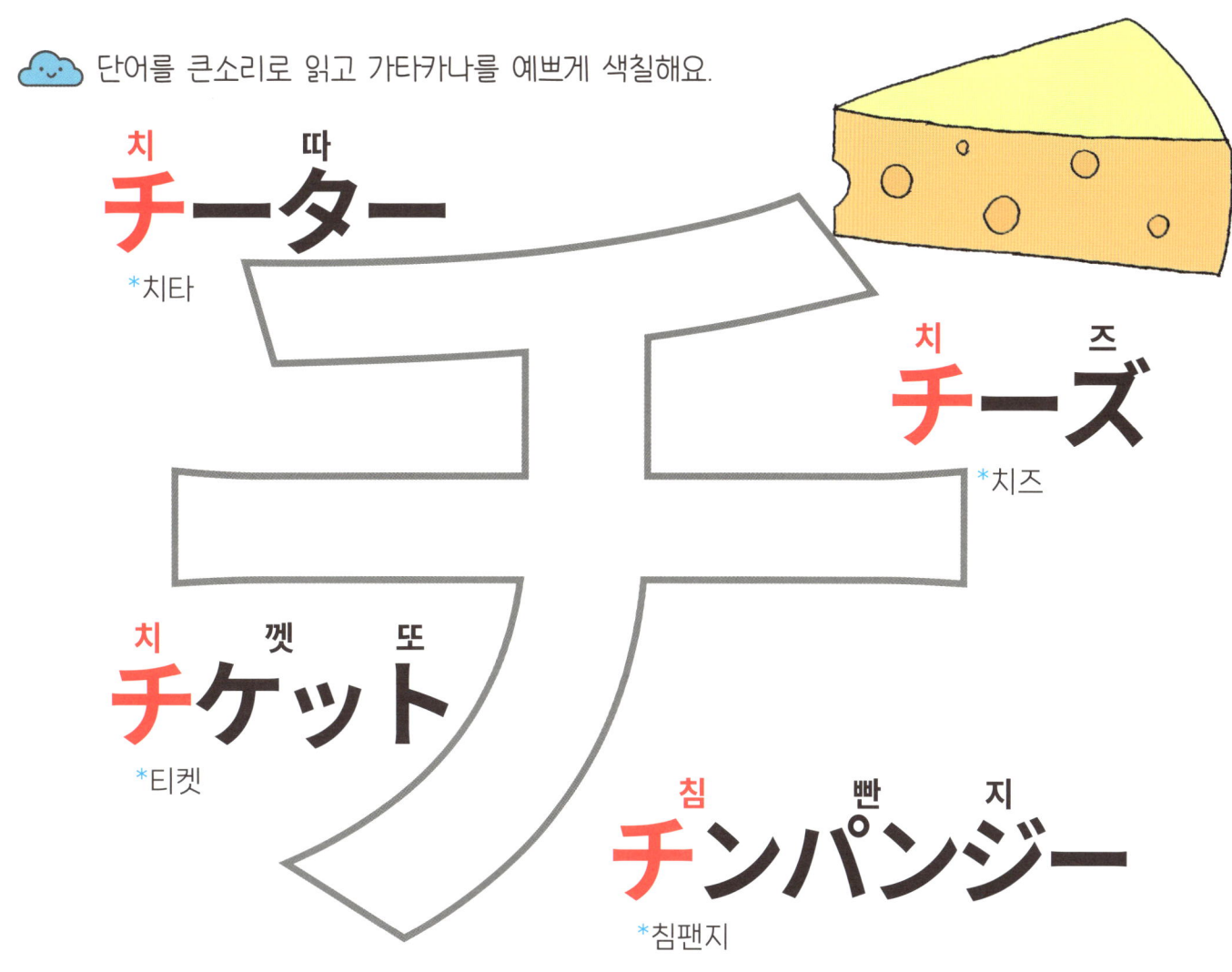

チーター
*치타

チーズ
*치즈

チケット
*티켓

チンパンジー
*침팬지

가타카나를 보지 말고 또박또박 써보세요.

ツ
[tsu]

손가락으로 화살표를 따라 그려보고 연필로 써보세요.

*ツ는 단어의 첫 음절이 아닌 중간이나 끝에 오면 '쯔'로 발음해요.

가타카나를 보고 천천히 따라 써보세요.

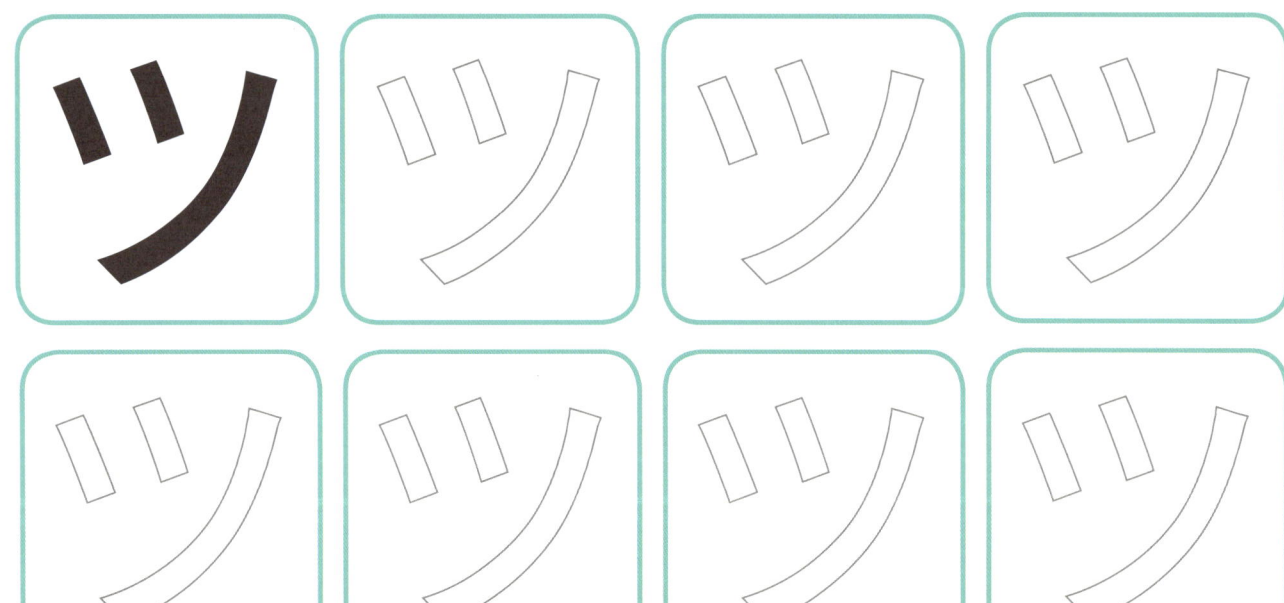

☁️ 단어를 큰소리로 읽고 가타카나를 예쁘게 색칠해요.

ツ

츠 잉
ツイン
*트윈

츠 리
ツリー
*트리

츠 아
ツアー
*투어

츠 잇 따
ツイッター
*트위터

🐱 가타카나를 보지 말고 또박또박 써보세요.

손가락으로 화살표를 따라 그려보고 연필로 써보세요.

테

[te]

1 2 3

テ

*テ는 단어의 첫 음절이 아닌 중간이나 끝에 오면 '떼'로 발음해요.

가타카나를 보고 천천히 따라 써보세요.

テ テ テ テ

テ テ テ テ

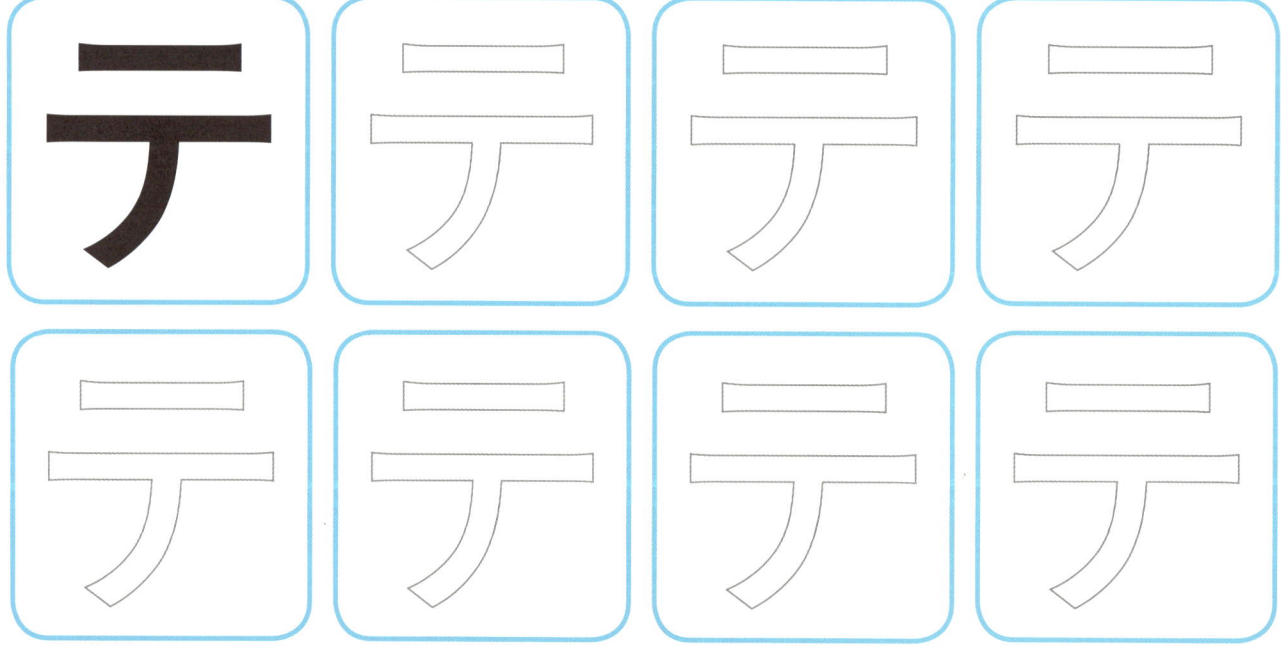

☁️ 단어를 큰소리로 읽고 가타카나를 예쁘게 색칠해요.

테 뿌
テープ
*테이프

テ

테 니 스
テニス
*테니스

테 레 비
テレビ
*텔레비전

텐 또
テント
*텐트

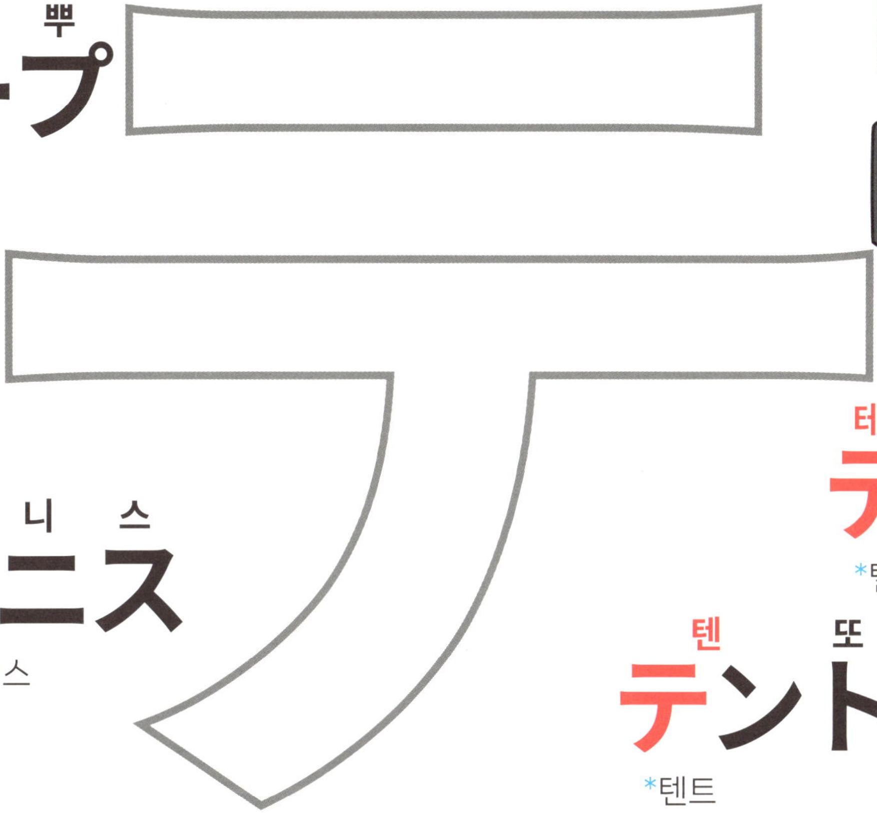

🐱 가타카나를 보지 말고 또박또박 써보세요.

😊 손가락으로 화살표를 따라 그려보고 연필로 써보세요.

토
[to]

*ト 는 단어의 첫 음절이 아닌 중간이나 끝에 오면 '또'로 발음해요.

🐱 가타카나를 보고 천천히 따라 써보세요.

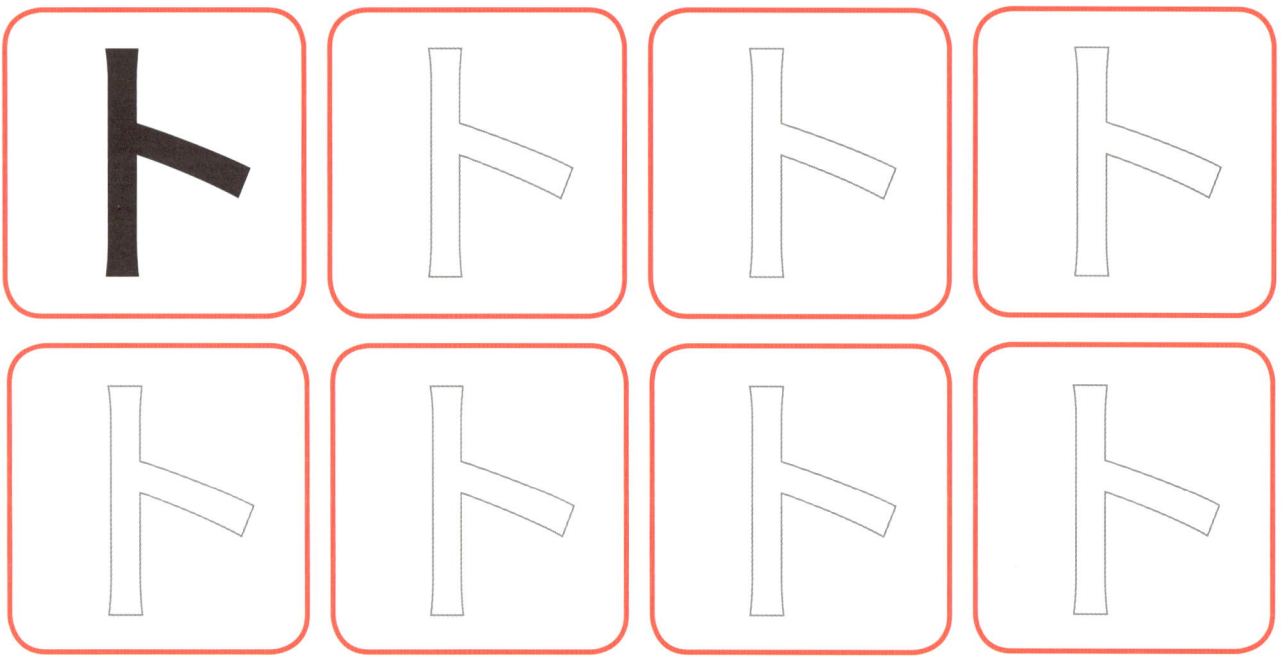

단어를 큰소리로 읽고 가타카나를 예쁘게 색칠해요.

トースト
토 스 또
*토스트

トマト
토 마 또
*토마토

トイレ
토 이 레
*화장실

トラック
토 락 꾸
*트럭

가타카나를 보지 말고 또박또박 써보세요.

👍 다음 가타카나를 보고 알맞은 발음을 선으로 연결해보세요.

タ　　　　　　타
チ　　　　　　치
ツ　　　　　　토
テ　　　　　　츠
ト　　　　　　테

🍦 다음 발음을 보고 알맞는 가타카나에 동그라미를 치세요

테 [te]　　タ　チ　ツ　テ　ト

츠 [tsu]　　タ　チ　ツ　テ　ト

토 [to]　　タ　チ　ツ　テ　ト

타 [ta]　　タ　チ　ツ　テ　ト

치 [chi]　　タ　チ　ツ　テ　ト

다음 발음을 듣고 그림에 알맞는 단어를 선으로 연결해보세요.

トマト

チーズ

タオル

テレビ

ツリー

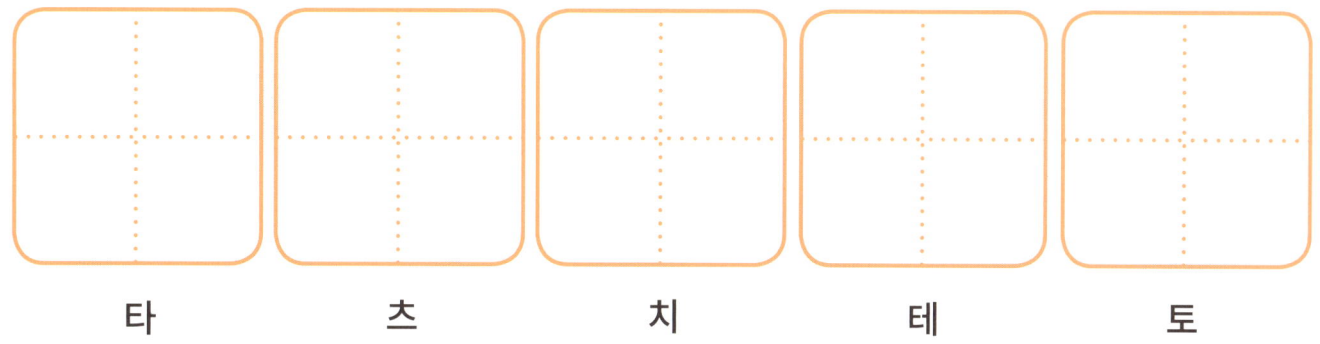 다음 발음에 알맞는 가타카나를 네모 칸에 써넣으세요.

| 타 | 츠 | 치 | 테 | 토 |

🌞 손가락으로 화살표를 따라 그려보고 연필로 써보세요.

나
[na]

ナ

🐱 가타카나를 보고 천천히 따라 써보세요.

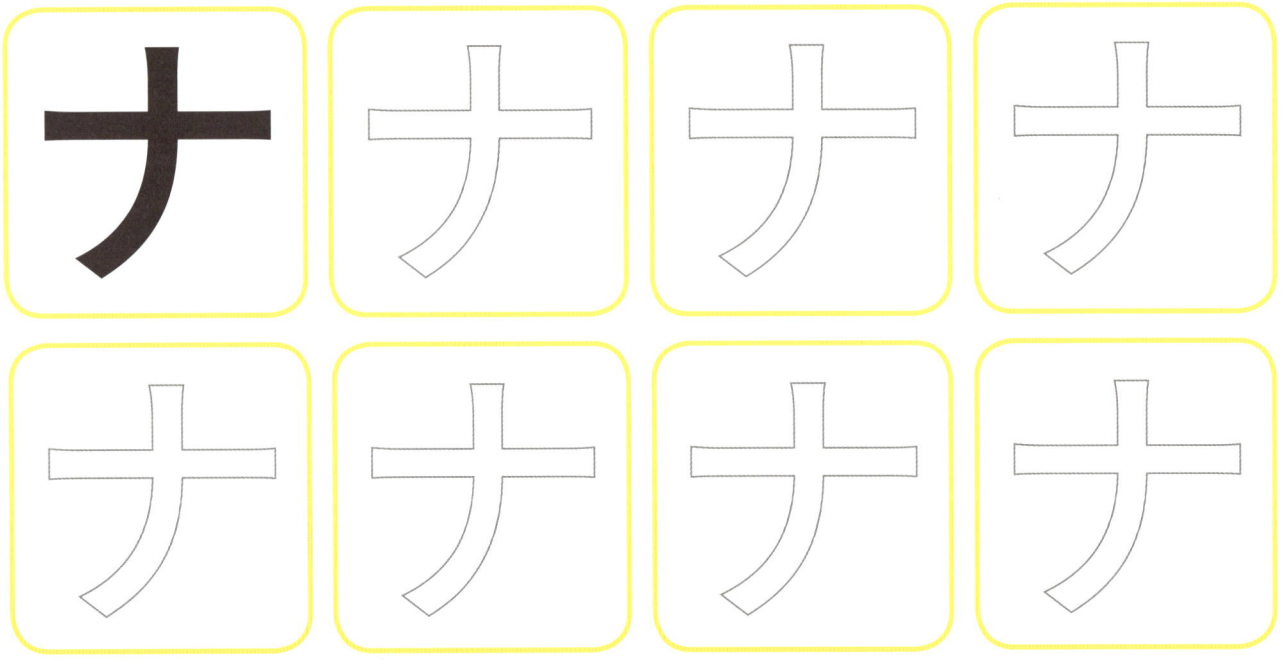

단어를 큰소리로 읽고 가타카나를 예쁘게 색칠해요.

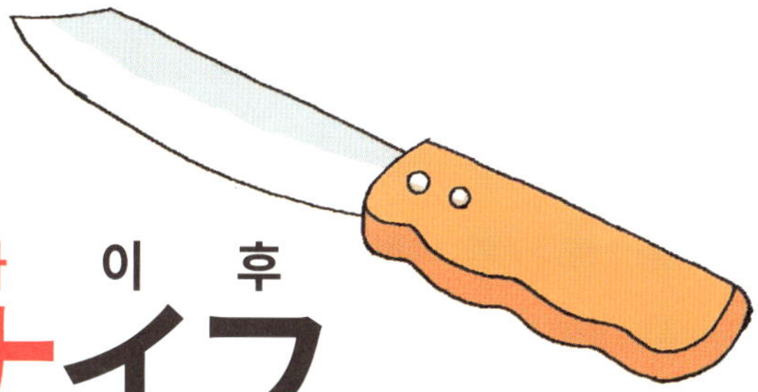

ナース
나 ー 스
*너스(간호사)

ナイフ
나 이 후
*나이프(칼)

ナンバー
남 바
*넘버(번호)

ナプキン
나 뿌 낑
*냅킨

가타카나를 보지 말고 또박또박 써보세요.

👶 손가락으로 화살표를 따라 그려보고 연필로 써보세요.

ニ [ni]

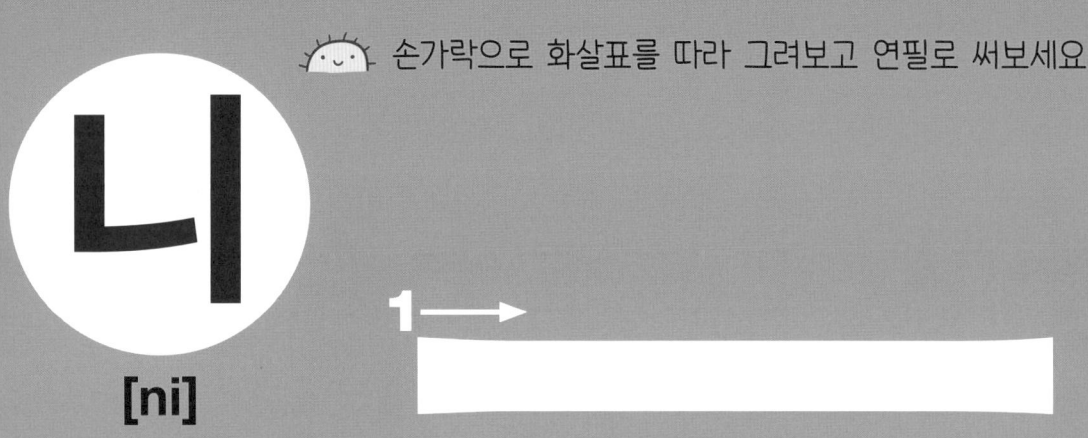

🐱 가타카나를 보고 천천히 따라 써보세요.

단어를 큰소리로 읽고 가타카나를 예쁘게 색칠해요.

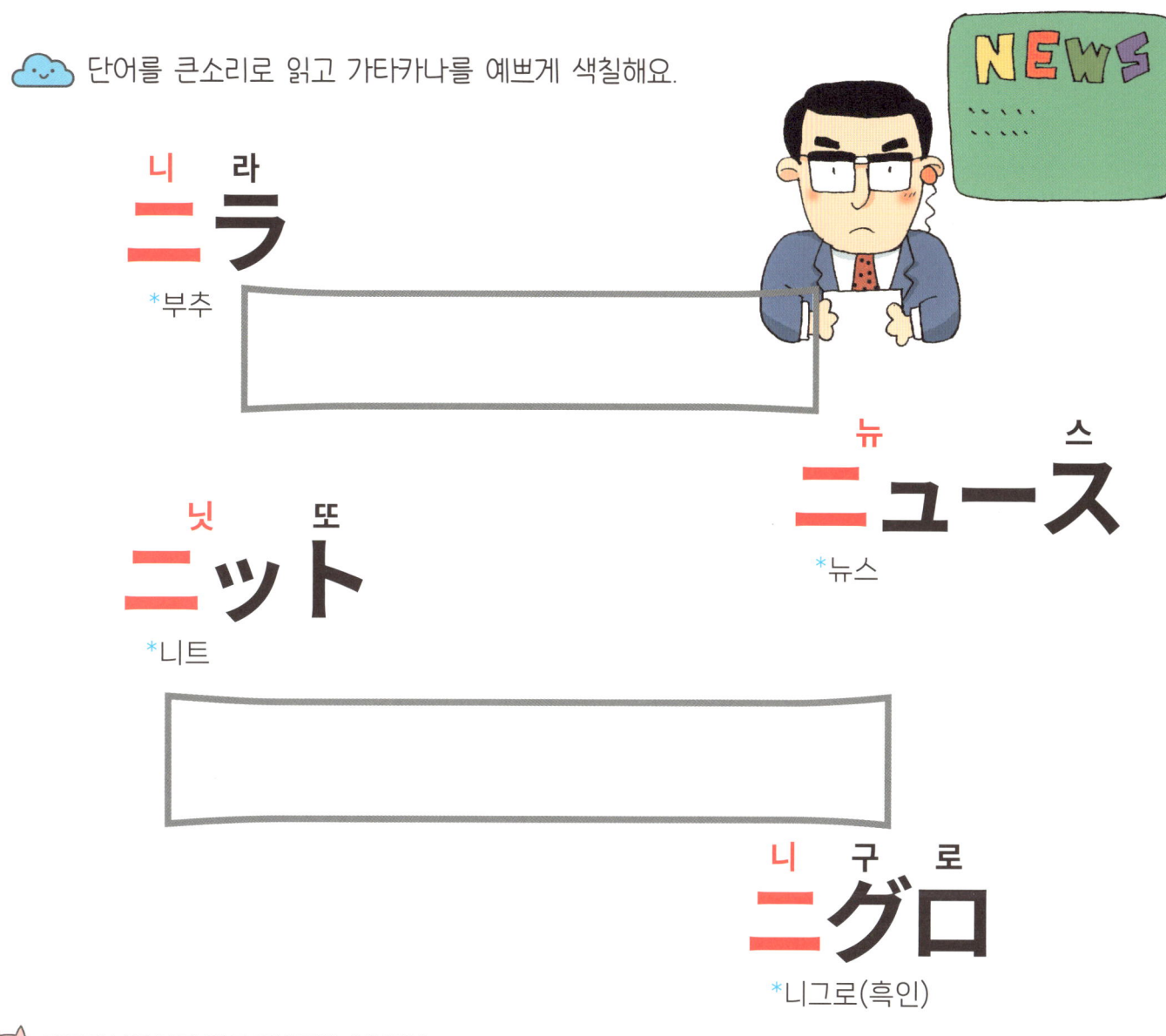

ニラ
*부추

ニュース
*뉴스

ニット
*니트

ニグロ
*니그로(흑인)

가타카나를 보지 말고 또박또박 써보세요.

🌞 손가락으로 화살표를 따라 그려보고 연필로 써보세요.

누
[nu]

🐱 가타카나를 보고 천천히 따라 써보세요.

🌥 단어를 큰소리로 읽고 가타카나를 예쁘게 색칠해요.

ヌードル
누 도 루
*누들(국수)

カ**ヌ**ー
카 누
*카누

ヌートリア
누 또 리 아
*뉴트리아

ヌクテー
누 꾸 떼
*늑대

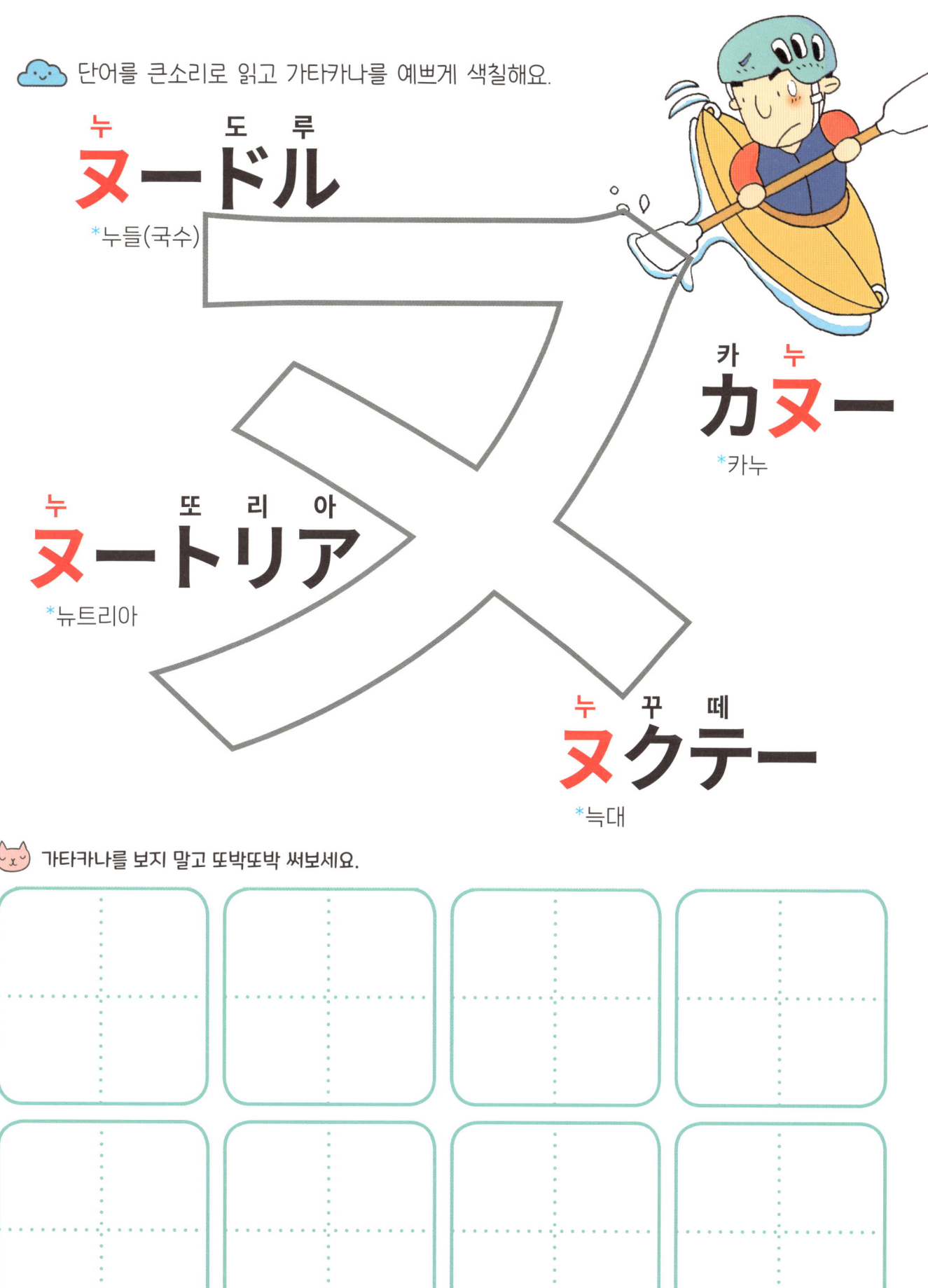

🐱 가타카나를 보지 말고 또박또박 써보세요.

손가락으로 화살표를 따라 그려보고 연필로 써보세요.

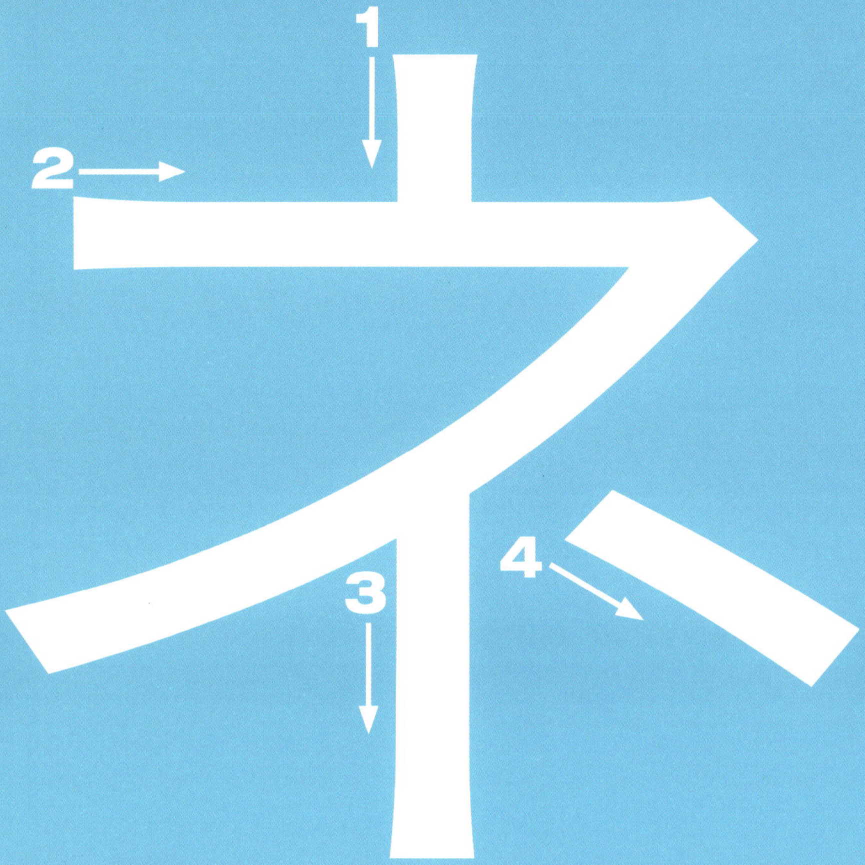

ネ
[ne]

가타카나를 보고 천천히 따라 써보세요.

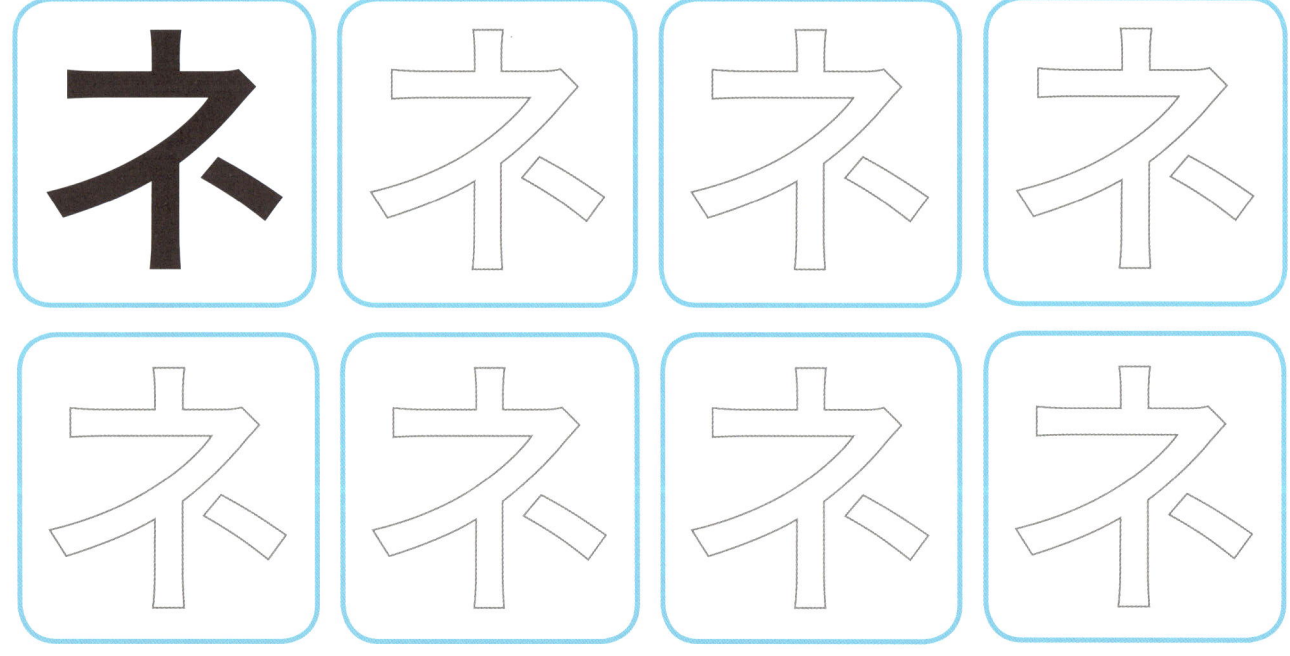

단어를 큰소리로 읽고 가타카나를 예쁘게 색칠해요.

ネオン *네온 (네옹)

ネスト *네스트(둥지) (네스또)

ネクタイ *넥타이 (네꾸따이)

ネックレス *네클리스(목걸이) (넥꾸레스)

가타카나를 보지 말고 또박또박 써보세요.

ノ [no]

손가락으로 화살표를 따라 그려보고 연필로 써보세요.

가타카나를 보고 천천히 따라 써보세요.

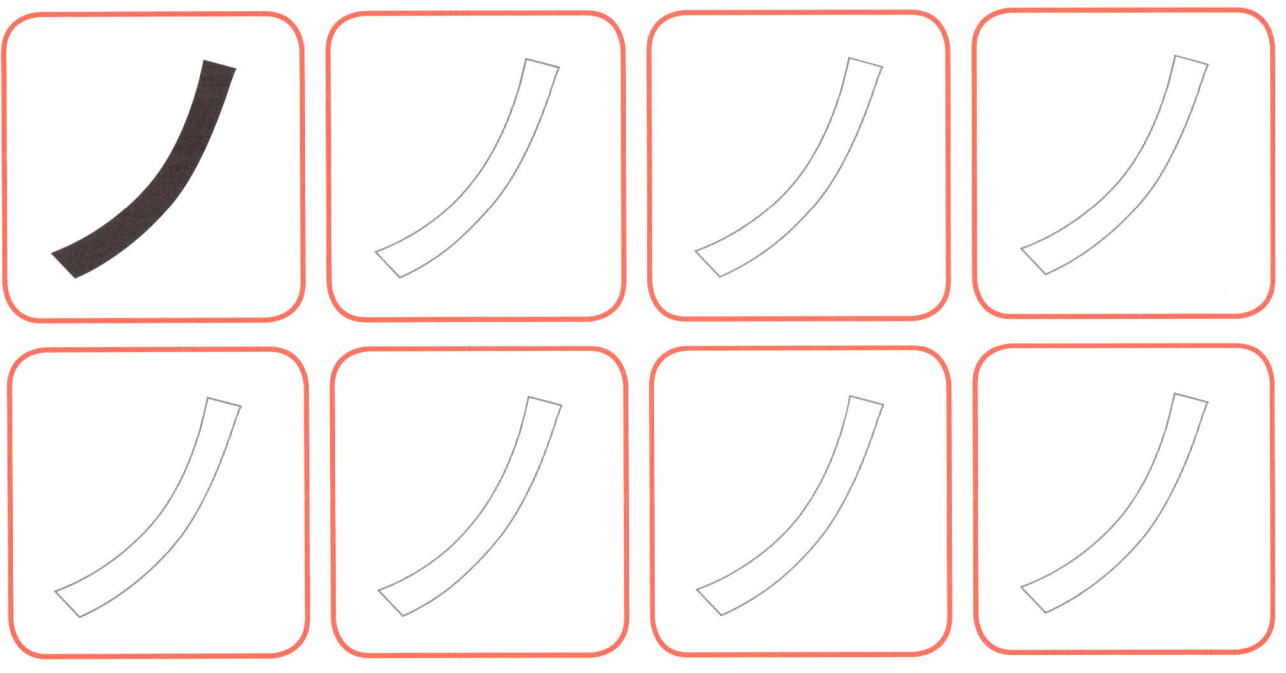

단어를 큰소리로 읽고 가타카나를 예쁘게 색칠해요.

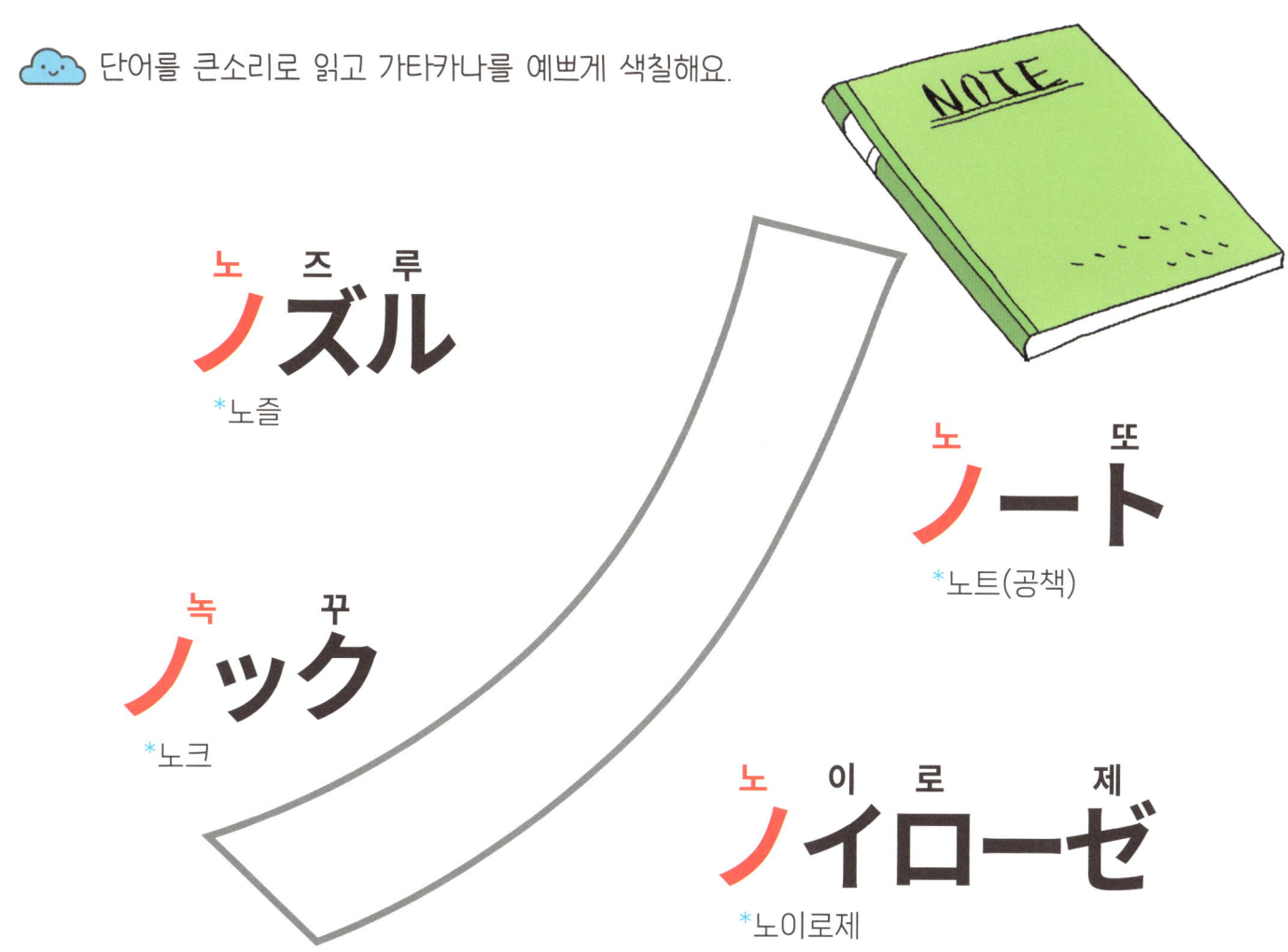

ノズル
*노즐

ノート
*노트(공책)

ノック
*노크

ノイローゼ
*노이로제

가타카나를 보지 말고 또박또박 써보세요.

👍 다음 가타카나를 보고 알맞는 발음을 선으로 연결해보세요.

ナ •　　　　　　• 니
ニ •　　　　　　• 노
ヌ •　　　　　　• 네
ネ •　　　　　　• 누
ノ •　　　　　　• 나

🍦 다음 발음을 보고 알맞는 가타카나에 동그라미를 치세요

나 [na]　　ナ　ニ　ヌ　ネ　ノ

네 [ne]　　ナ　ニ　ヌ　ネ　ノ

누 [nu]　　ナ　ニ　ヌ　ネ　ノ

노 [no]　　ナ　ニ　ヌ　ネ　ノ

니 [ni]　　ナ　ニ　ヌ　ネ　ノ

다음 발음을 듣고 그림에 알맞는 단어를 선으로 연결해보세요.

 • • ナイフ

 • • カヌー

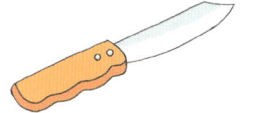 • • ニュース

 • • ネクタイ

 • • ノート

 다음 발음에 알맞는 가타카나를 네모 칸에 써넣으세요.

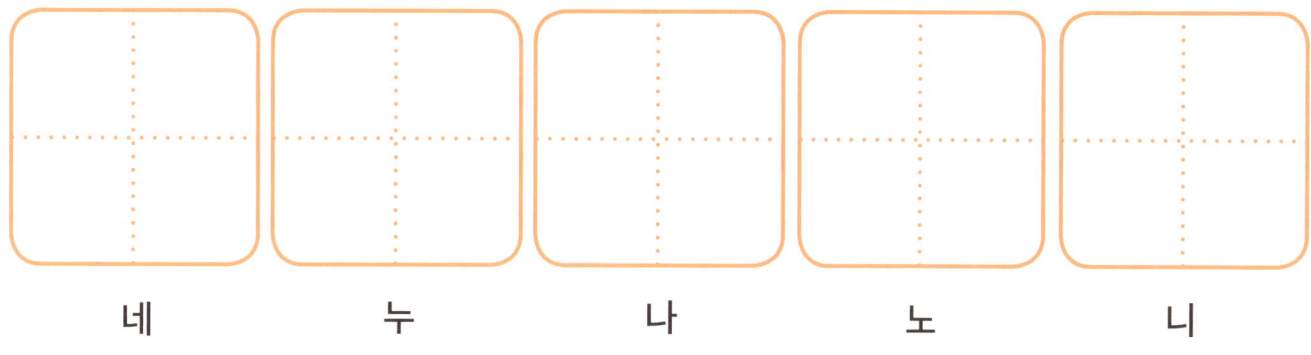

네　　　누　　　나　　　노　　　니

67

손가락으로 화살표를 따라 그려보고 연필로 써보세요.

하

[ha]

ハ

가타카나를 보고 천천히 따라 써보세요.

ハ

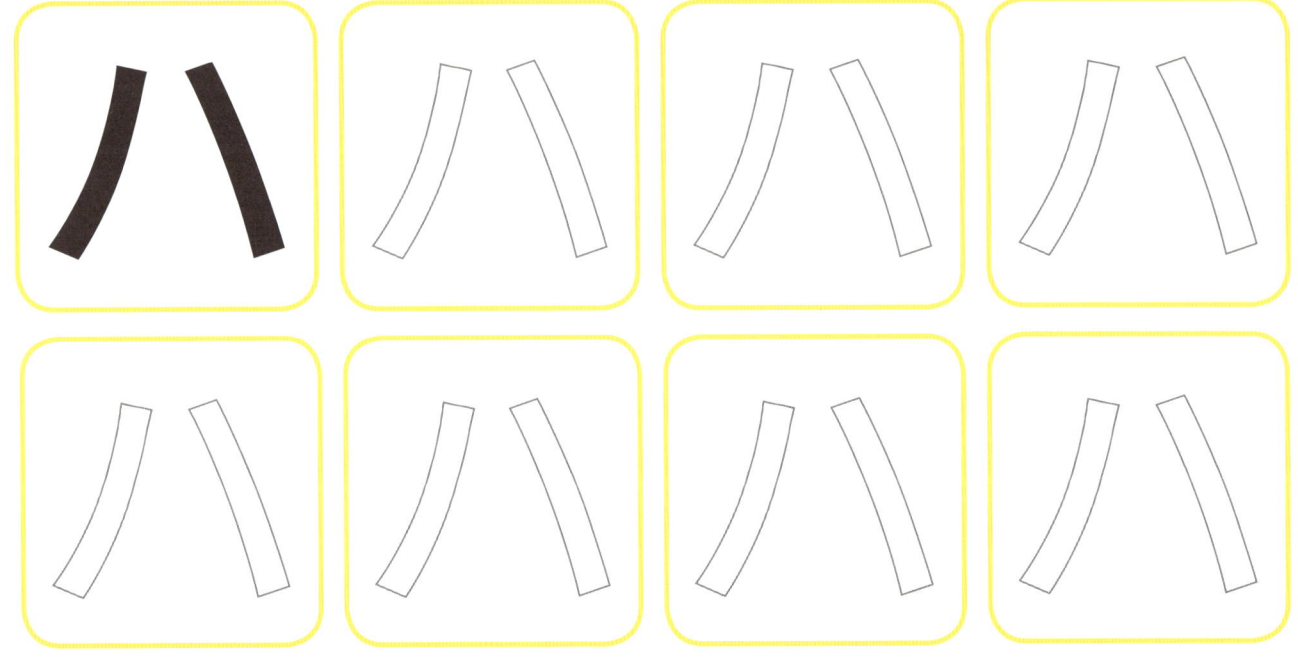

☁️ 단어를 큰소리로 읽고 가타카나를 예쁘게 색칠해요.

하 모 니 까
ハーモニカ
*하모니카

하 또
ハート
*하트

함 바 구
ハンバーグ
*햄버거

하 이 히 루
ハイヒール
*하이힐

🐱 가타카나를 보지 말고 또박또박 써보세요.

😊 손가락으로 화살표를 따라 그려보고 연필로 써보세요.

히
[hi]

🐱 가타카나를 보고 천천히 따라 써보세요.

단어를 큰소리로 읽고 가타카나를 예쁘게 색칠해요.

힛 또
ヒット
*히트

히 따
ヒーター
*히터

히 아 링 구
ヒアリング
*히어링(듣기)

히 로
ヒーロー
*히어로(영웅)

가타카나를 보지 말고 또박또박 써보세요.

🌅 손가락으로 화살표를 따라 그려보고 연필로 써보세요.

フ
[fu]

*fu로 표기하지만 읽을 때는 '후(hu)'로 발음해요.

🐱 가타카나를 보고 천천히 따라 써보세요.

단어를 큰소리로 읽고 가타카나를 예쁘게 색칠해요.

후 루 또
フルート
*플루트

후 라 밍 고
フラミンゴ
*플라밍고

후 랑 스
フランス
*프랑스

후 라 이 빵
フライパン
*프라이팬

가타카나를 보지 말고 또박또박 써보세요.

☀️ 손가락으로 화살표를 따라 그려보고 연필로 써보세요.

헤
[he]

 가타카나를 보고 천천히 따라 써보세요.

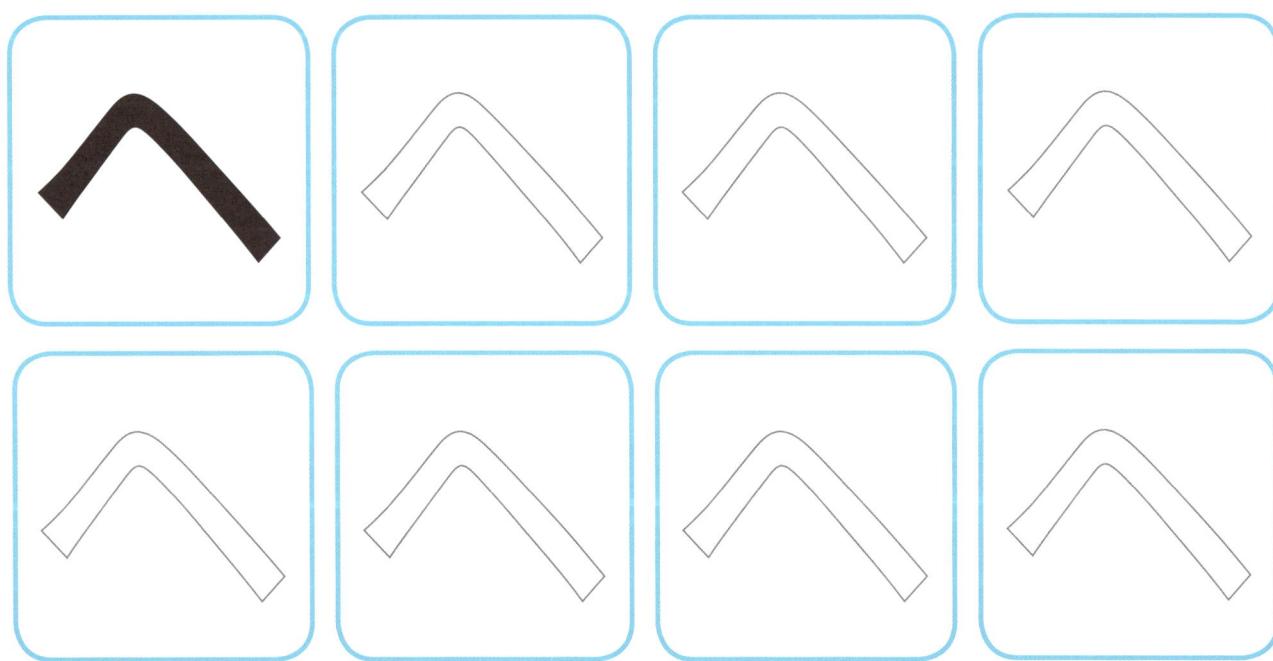

단어를 큰소리로 읽고 가타카나를 예쁘게 색칠해요.

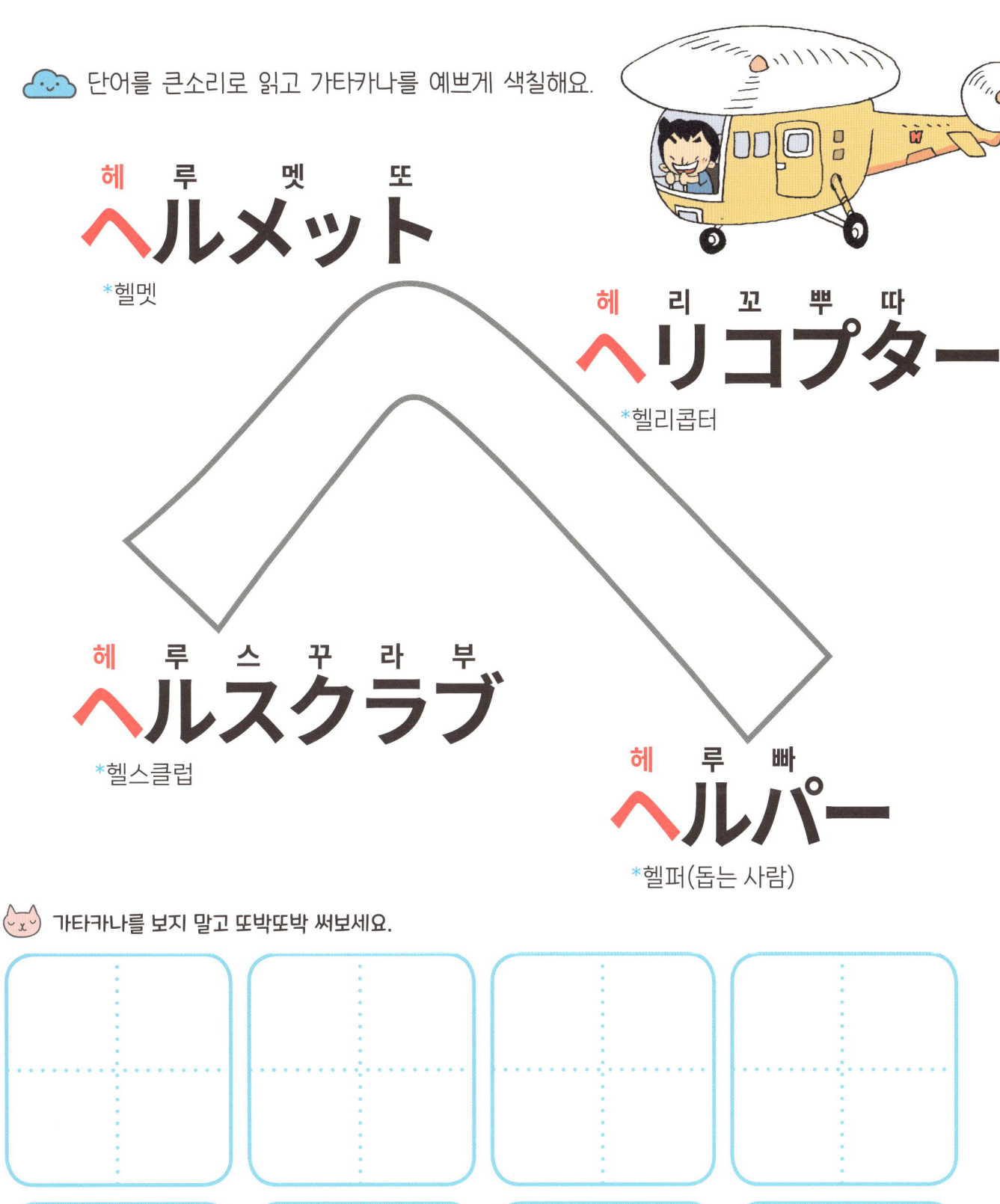

헤 루 멧 또
ヘルメット
*헬멧

헤 리 꼬 뿌 따
ヘリコプター
*헬리콥터

헤 루 스 꾸 라 부
ヘルスクラブ
*헬스클럽

헤 루 빠
ヘルパー
*헬퍼(돕는 사람)

가타카나를 보지 말고 또박또박 써보세요.

호 [ho]

손가락으로 화살표를 따라 그려보고 연필로 써보세요.

ホ

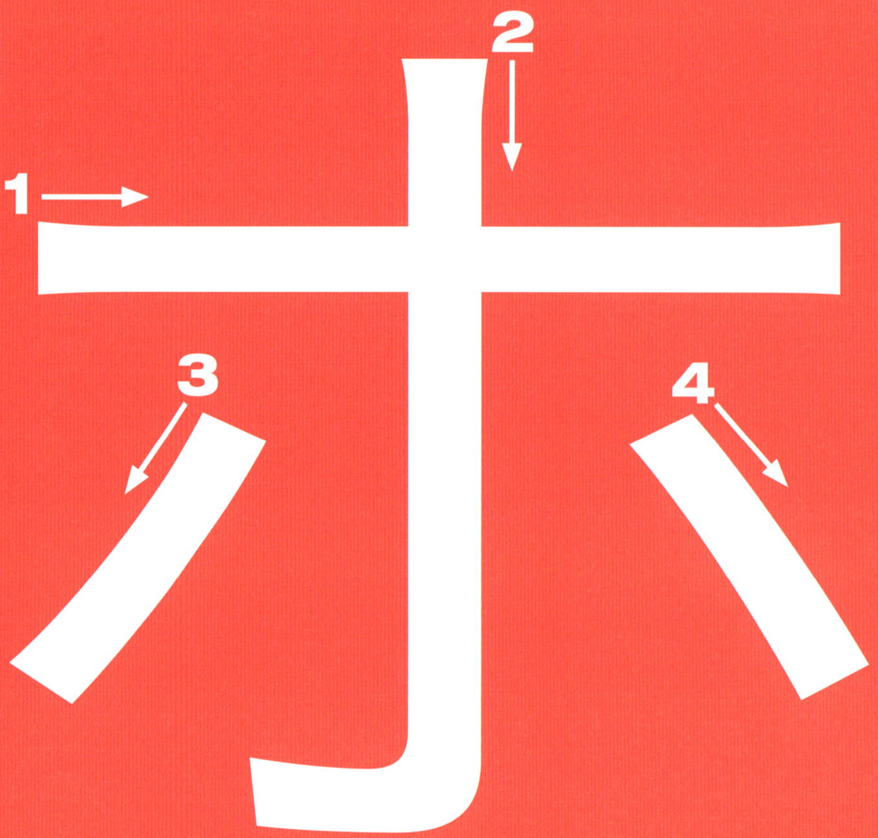

가타카나를 보고 천천히 따라 써보세요.

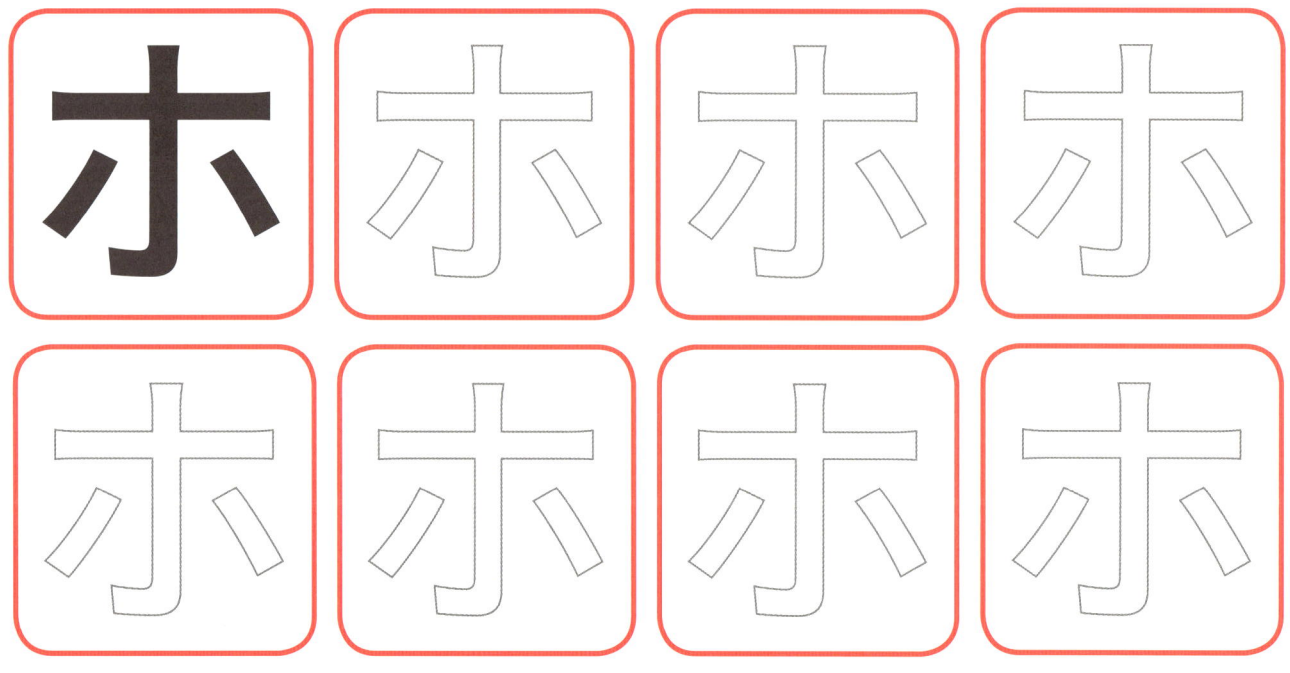

단어를 큰소리로 읽고 가타카나를 예쁘게 색칠해요.

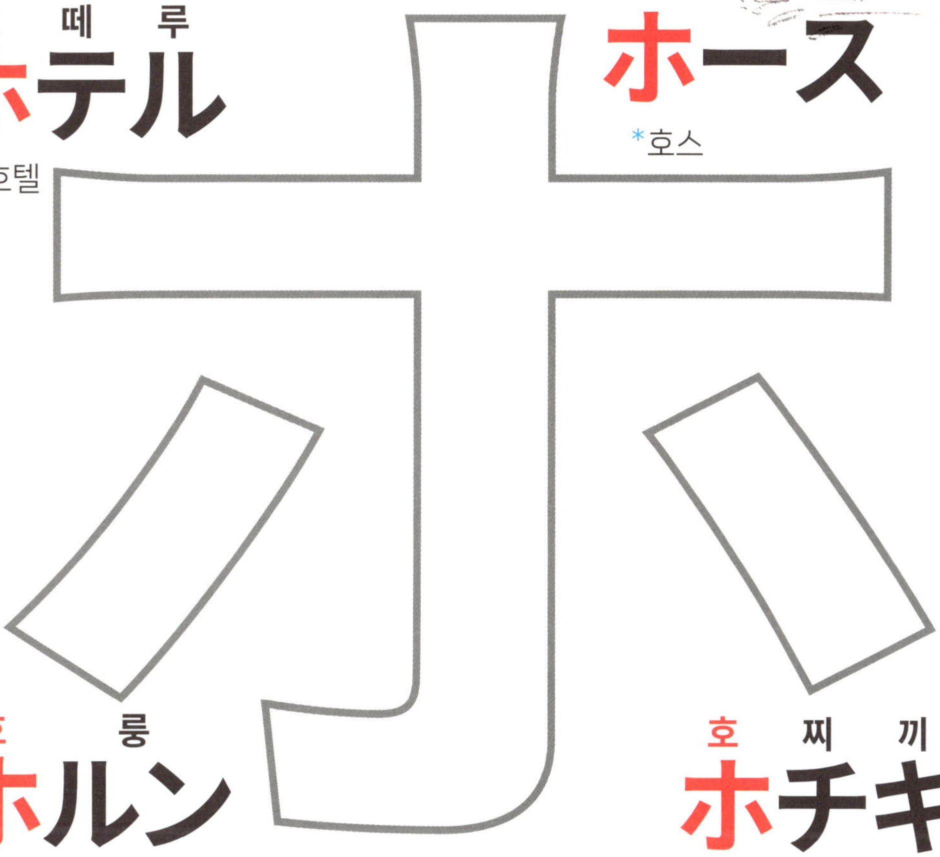

호 떼 루
ホテル
*호텔

호 ー 스
ホース
*호스

호 룽
ホルン
*호른

호 찌 끼 스
ホチキス
*호치키스

 가타카나를 보지 말고 또박또박 써보세요.

다음 가타카나를 보고 알맞는 발음을 선으로 연결해보세요.

ハ ・　　　　　・ 히
ヒ ・　　　　　・ 하
フ ・　　　　　・ 헤
ヘ ・　　　　　・ 후
ホ ・　　　　　・ 호

🍦 다음 발음을 보고 알맞는 가타카나에 동그라미를 치세요

히 [hi]　　ハ　ヒ　フ　ヘ　ホ

하 [ha]　　ハ　ヒ　フ　ヘ　ホ

헤 [he]　　ハ　ヒ　フ　ヘ　ホ

호 [ho]　　ハ　ヒ　フ　ヘ　ホ

후 [fu]　　ハ　ヒ　フ　ヘ　ホ

다음 발음을 듣고 그림에 알맞는 단어를 선으로 연결해보세요.

 • • ヒーター

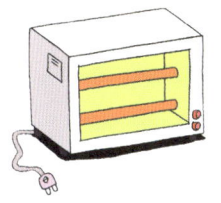 • • ハーモニカ

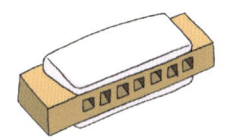 • • フルート

 • • ヘリコプター

 • • ホース

 다음 발음에 알맞는 가타카나를 네모 칸에 써넣으세요.

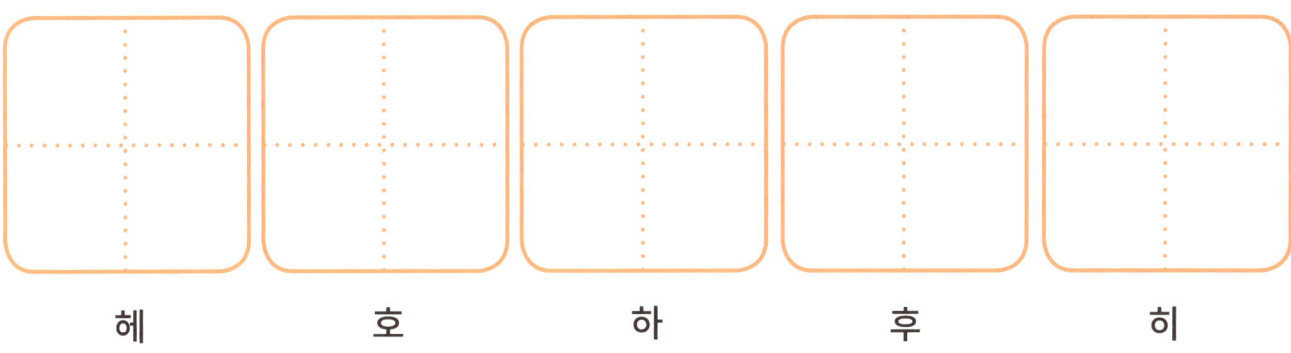

헤　　호　　하　　후　　히

손가락으로 화살표를 따라 그려보고 연필로 써보세요.

마

[ma]

1 →
2 ↘

マ

가타카나를 보고 천천히 따라 써보세요.

マ	マ	マ	マ
マ	マ	マ	マ

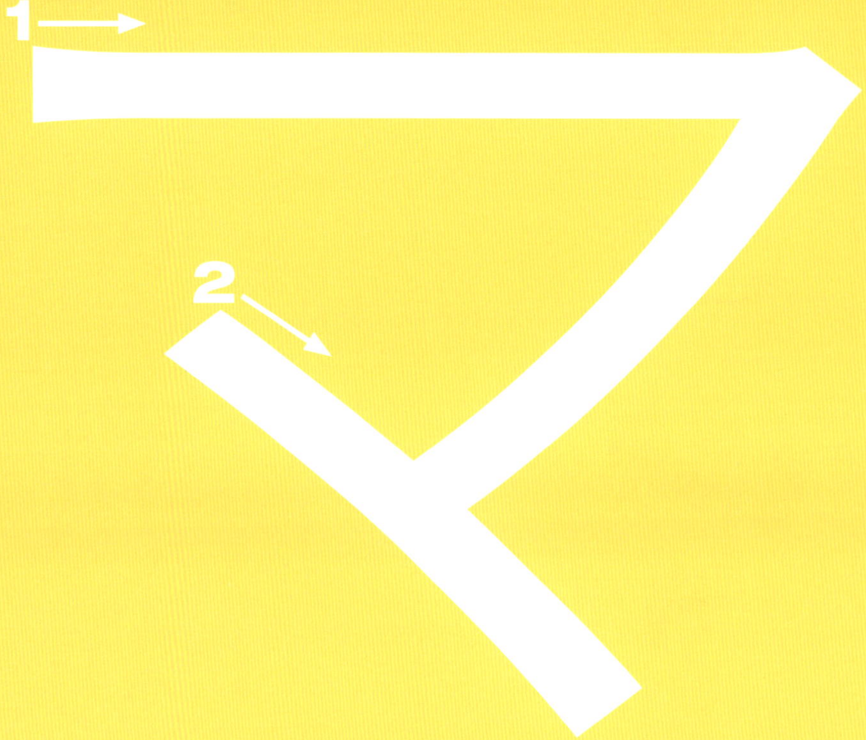

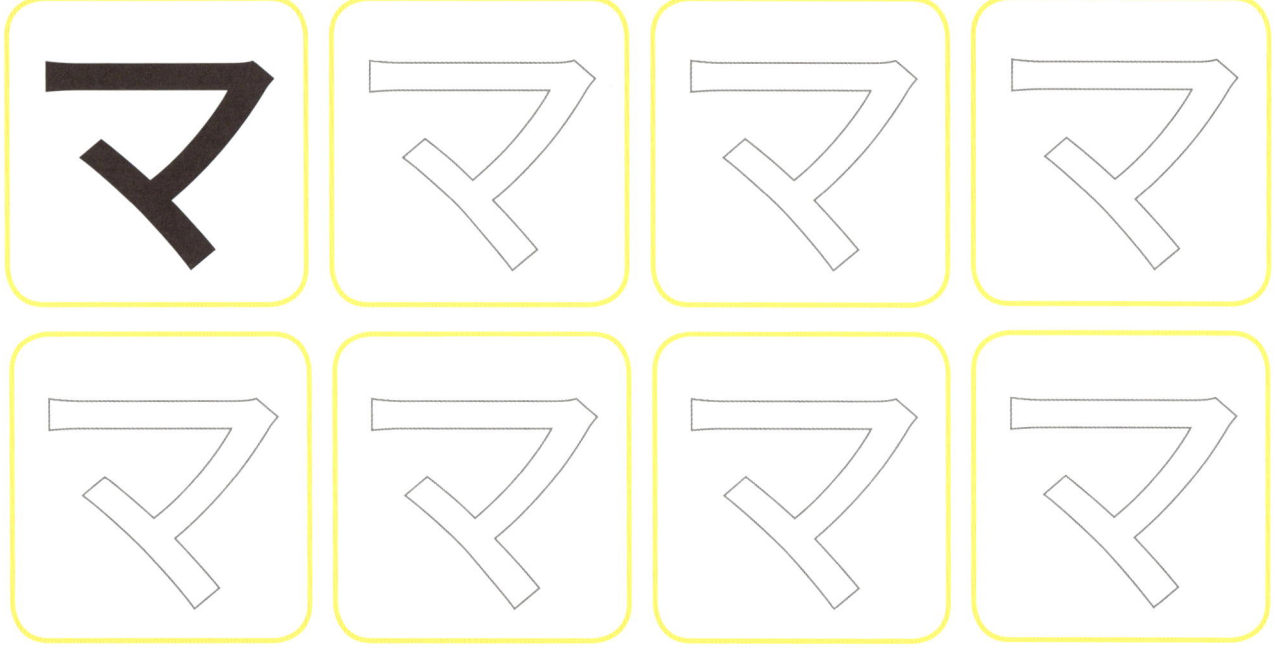

단어를 큰소리로 읽고 가타카나를 예쁘게 색칠해요.

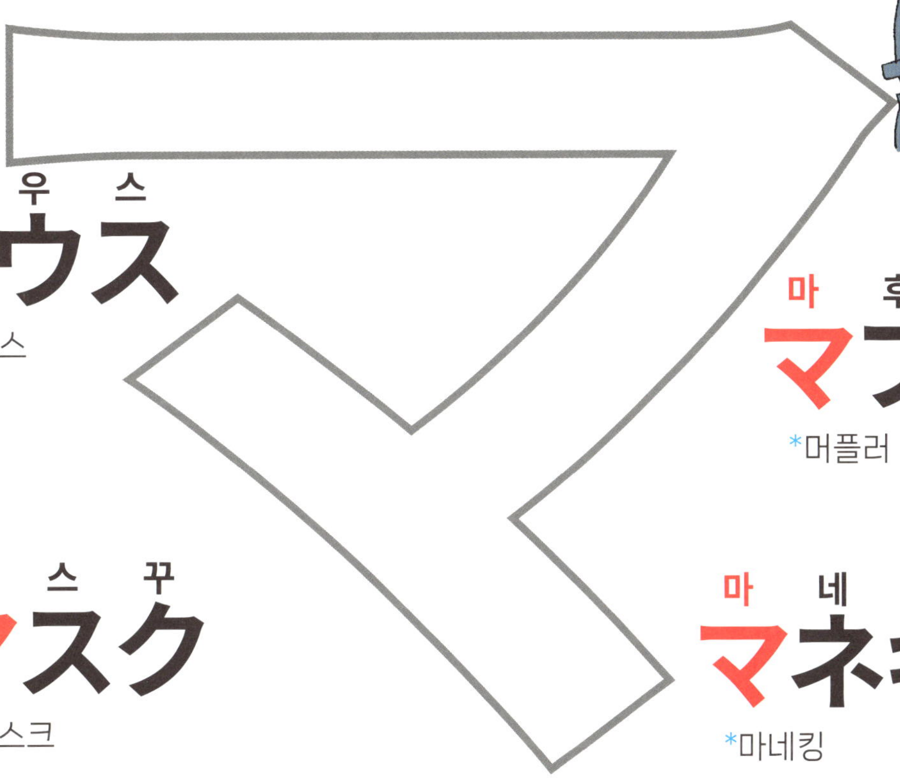

마 우 스
マウス
*마우스

마 후 라
マフラー
*머플러

마 스 꾸
マスク
*마스크

마 네 낑
マネキン
*마네킹

가타카나를 보지 말고 또박또박 써보세요.

미
[mi]

손가락으로 화살표를 따라 그려보고 연필로 써보세요.

가타카나를 보고 천천히 따라 써보세요.

☁️ 단어를 큰소리로 읽고 가타카나를 예쁘게 색칠해요.

미 끼 사
ミキサー
*믹서

미 루 꾸
ミルク
*밀크(우유)

미 싱
ミシン
*미싱(재봉틀)

미 니 까
ミニカー
*미니카

🐱 가타카나를 보지 말고 또박또박 써보세요.

무 [mu]

손가락으로 화살표를 따라 그려보고 연필로 써보세요.

가타카나를 보고 천천히 따라 써보세요.

☁️ 단어를 큰소리로 읽고 가타카나를 예쁘게 색칠해요.

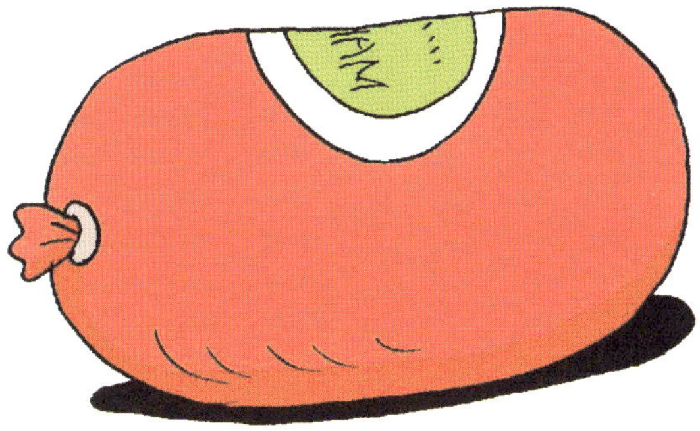

무 비
ムービー
*무비(영화)

하 무
ハム
*햄

무 도
ムード
*무드

베 또 나 무
ベトナム
*베트남

🐱 가타카나를 보지 말고 또박또박 써보세요.

메
[me]

손가락으로 화살표를 따라 그려보고 연필로 써보세요.

가타카나를 보고 천천히 따라 써보세요.

단어를 큰소리로 읽고 가타카나를 예쁘게 색칠해요.

메 모
メモ
*메모

메 롱
メロン
*메론

메 다 루
メダル
*메달

메 뉴
メニュー
*메뉴

가타카나를 보지 말고 또박또박 써보세요.

손가락으로 화살표를 따라 그려보고 연필로 써보세요.

모

[mo]

1 2 3

モ

가타카나를 보고 천천히 따라 써보세요.

モ	モ	モ	モ
モ	モ	モ	モ

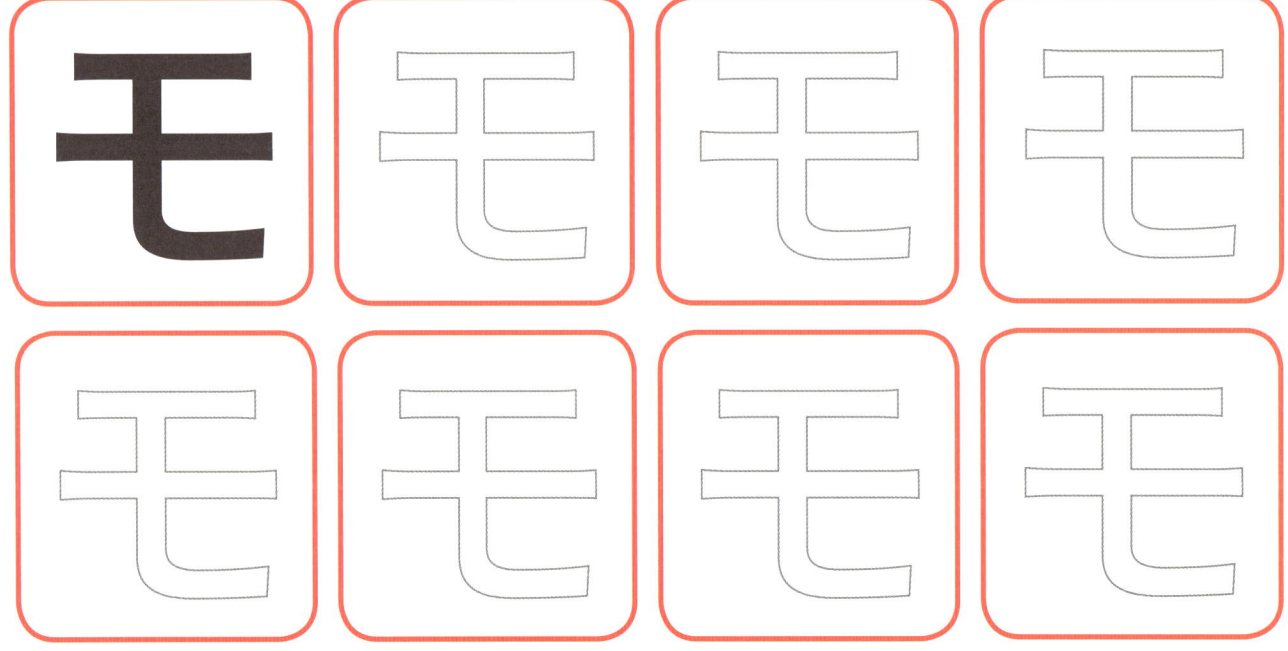

단어를 큰소리로 읽고 가타카나를 예쁘게 색칠해요.

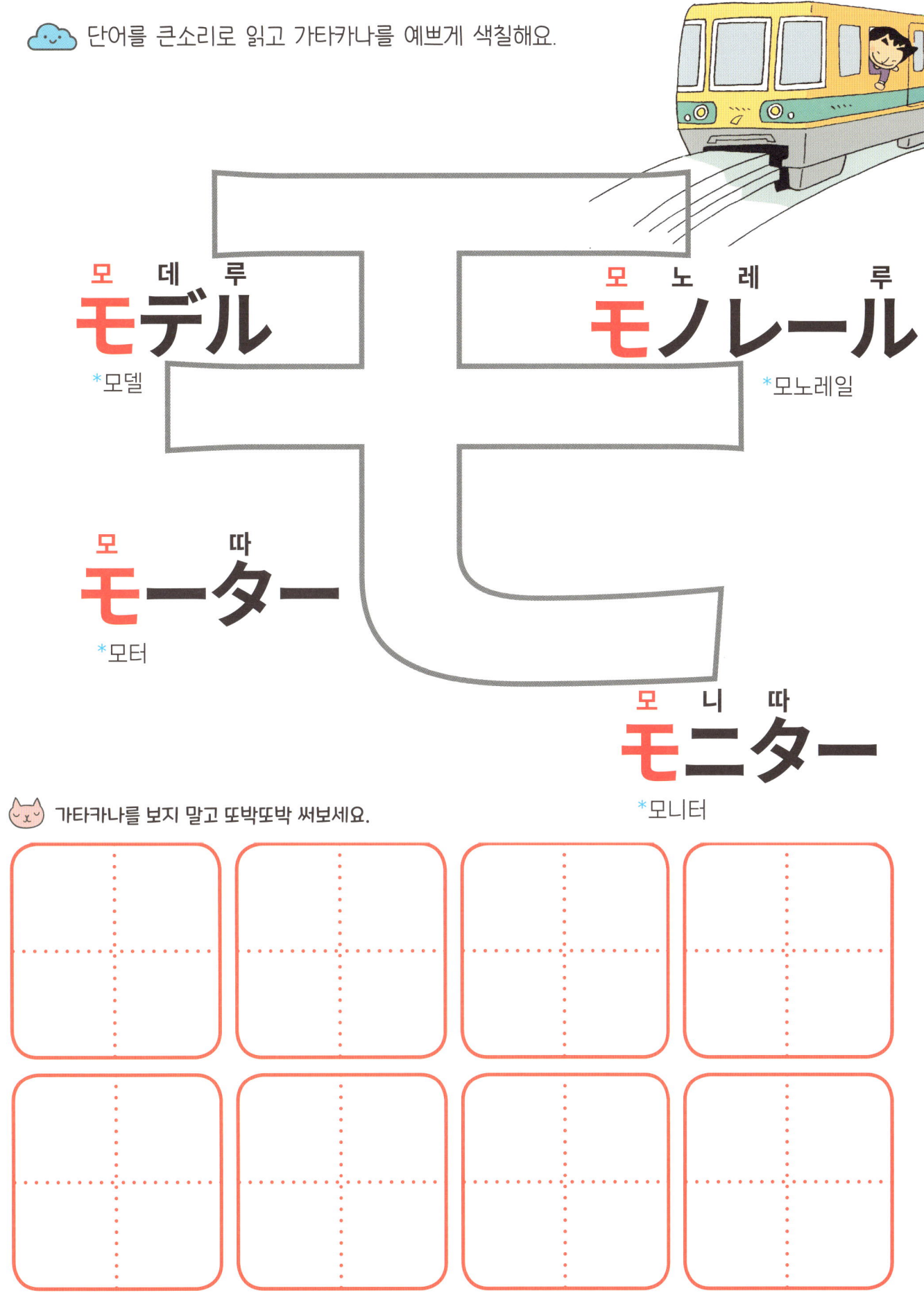

モデル
*모델

モノレール
*모노레일

モーター
*모터

モニター
*모니터

가타카나를 보지 말고 또박또박 써보세요.

👍 다음 가타카나를 보고 알맞은 발음을 선으로 연결해보세요.

マ •　　　　　• 미
ミ •　　　　　• 마
ム •　　　　　• 메
メ •　　　　　• 무
モ •　　　　　• 모

🍦 다음 발음을 보고 알맞는 가타카나에 동그라미를 치세요

미 [mi]　　マ　ミ　ム　メ　モ

모 [mo]　　マ　ミ　ム　メ　モ

마 [ma]　　マ　ミ　ム　メ　モ

메 [me]　　マ　ミ　ム　メ　モ

무 [mu]　　マ　ミ　ム　メ　モ

다음 발음을 듣고 그림에 알맞는 단어를 선으로 연결해보세요.

다음 발음에 알맞는 가타카나를 네모 칸에 써넣으세요.

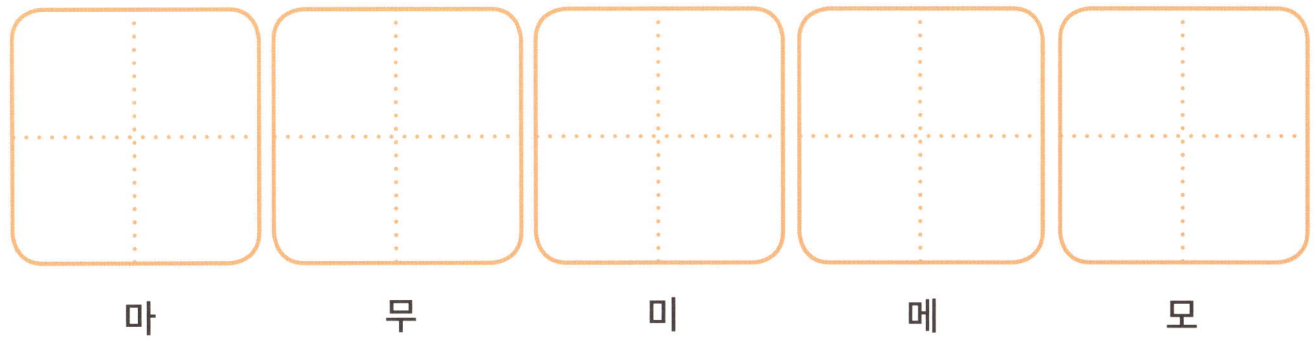

| 마 | 무 | 미 | 메 | 모 |

손가락으로 화살표를 따라 그려보고 연필로 써보세요.

라

[ra]

1 → 2 →

ラ

가타카나를 보고 천천히 따라 써보세요.

ラ ラ ラ ラ
ラ ラ ラ ラ

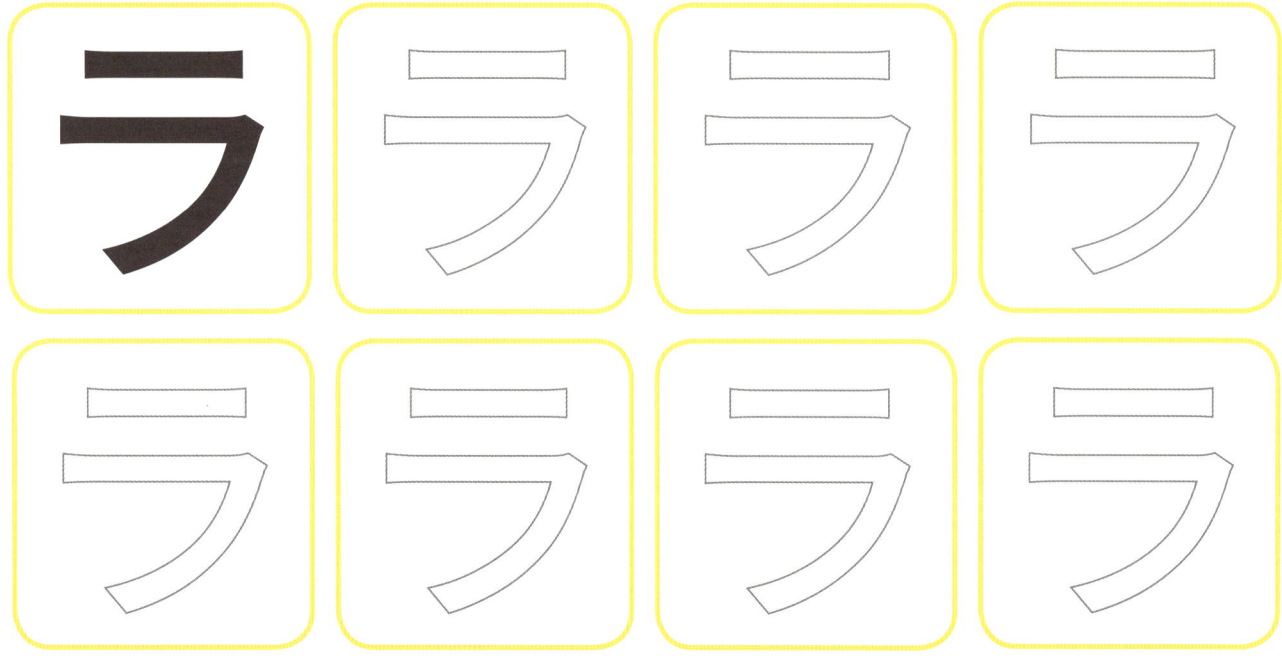

단어를 큰소리로 읽고 가타카나를 예쁘게 색칠해요.

라이옹
ライオン
*라이온(사자)

ラ

라껫또
ラケット
*라켓

라잉
ライン
*라인(선)

라멩
ラーメン
*라면

가타카나를 보지 말고 또박또박 써보세요.

😊 손가락으로 화살표를 따라 그려보고 연필로 써보세요.

리
[ri]

1 ↓　　　2 ↓

🐱 가타카나를 보고 천천히 따라 써보세요.

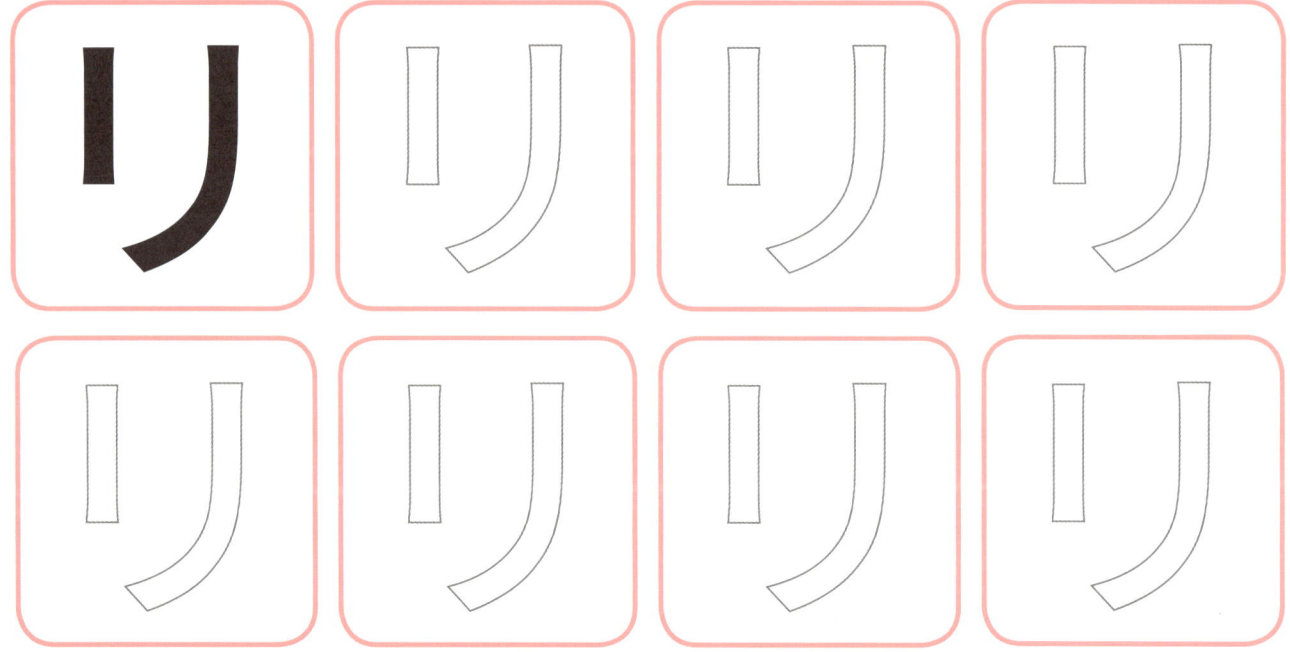

단어를 큰소리로 읽고 가타카나를 예쁘게 색칠해요.

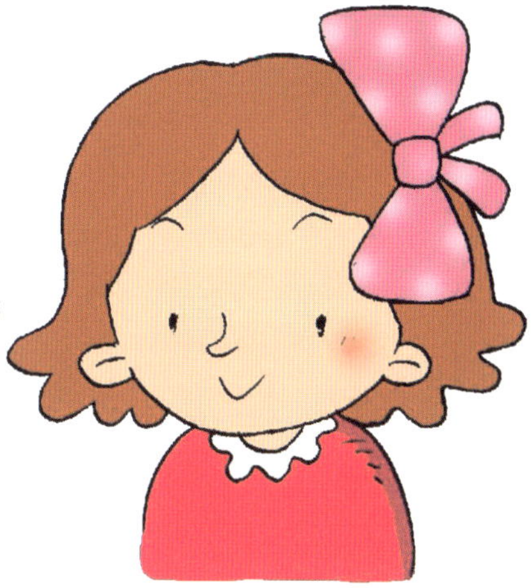

リズム
*리듬

リボン
*리본

リサイクル
*리사이클(재활용)

リモコン
*리모컨

가타카나를 보지 말고 또박또박 써보세요.

☀️ 손가락으로 화살표를 따라 그려보고 연필로 써보세요.

루
[ru]

ル

🐱 가타카나를 보고 천천히 따라 써보세요.

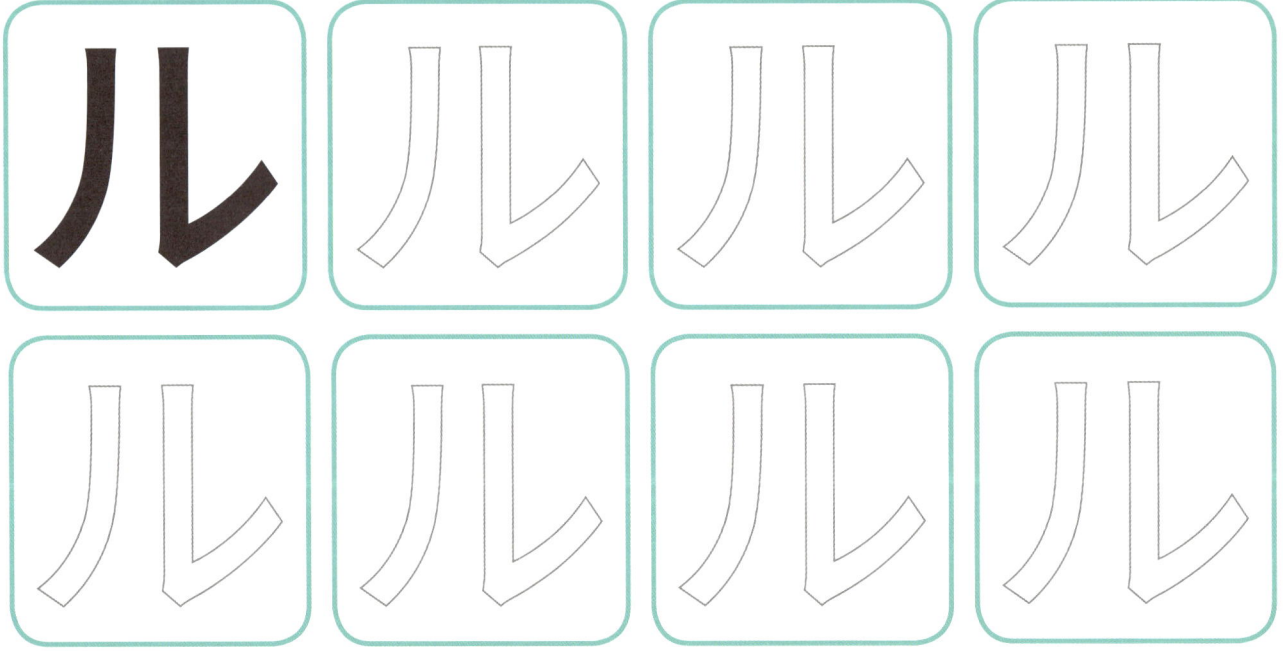

단어를 큰소리로 읽고 가타카나를 예쁘게 색칠해요.

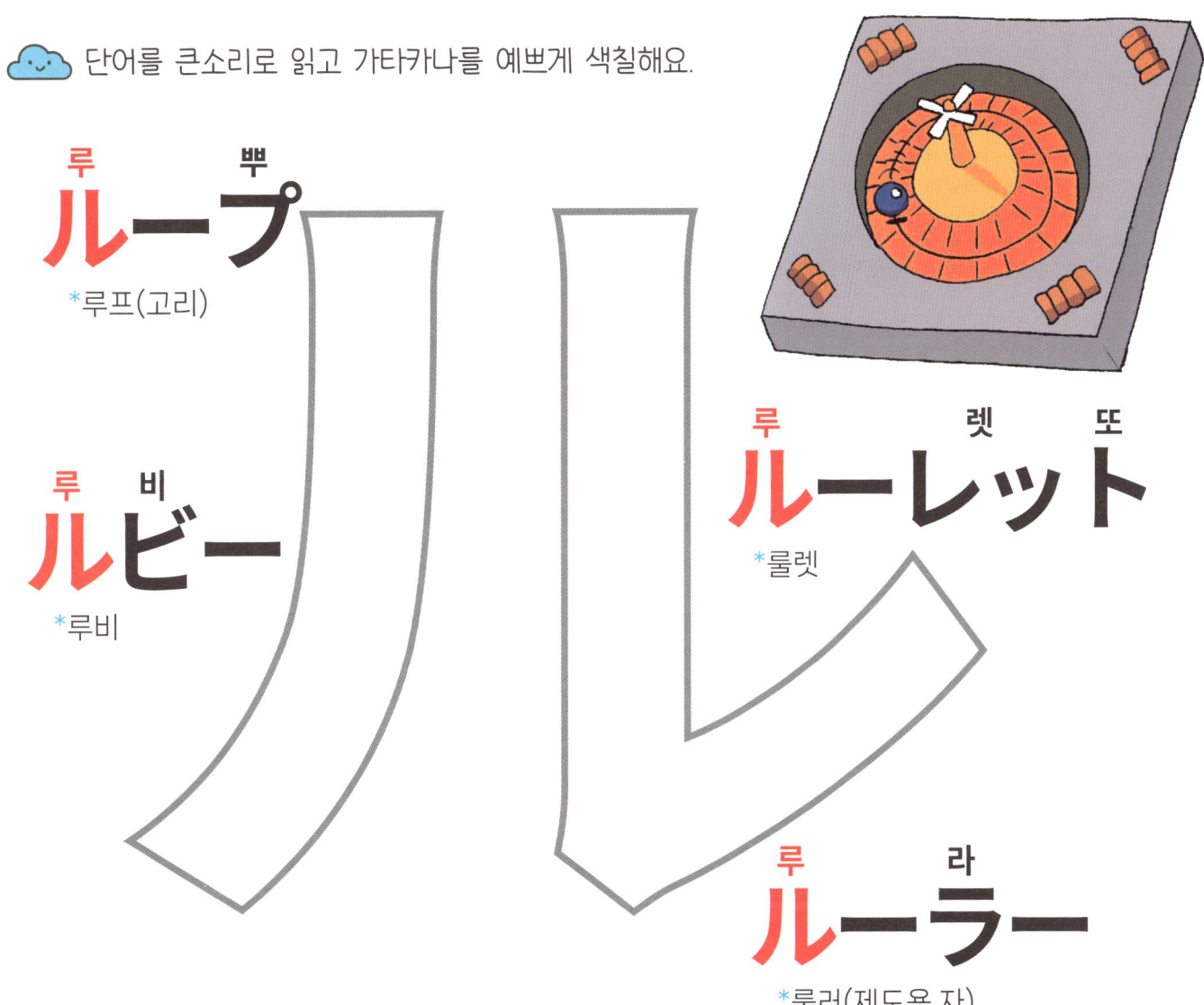

루 뿌
ループ
*루프(고리)

루 비
ルビー
*루비

루 렛 또
ルーレット
*룰렛

루 라
ルーラー
*룰러(제도용 자)

가타카나를 보지 말고 또박또박 써보세요.

손가락으로 화살표를 따라 그려보고 연필로 써보세요.

레

[re]

1

レ

가타카나를 보고 천천히 따라 써보세요.

レ	レ	レ	レ
レ	レ	レ	レ

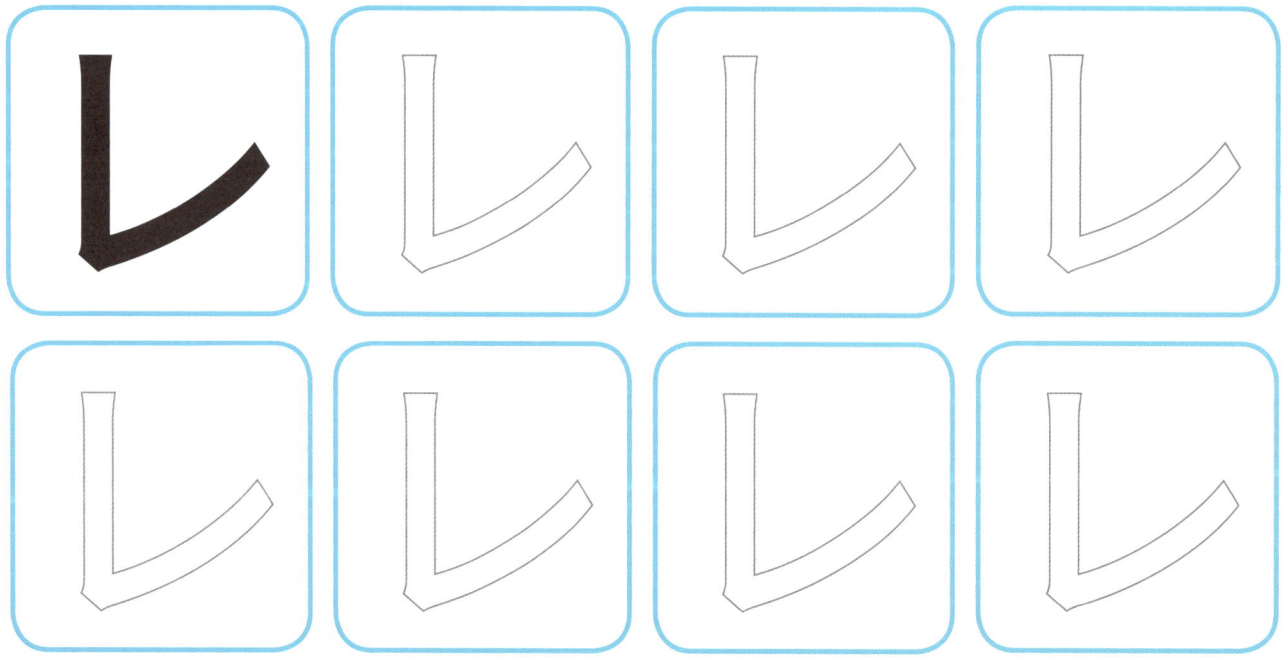

단어를 큰소리로 읽고 가타카나를 예쁘게 색칠해요.

레꼬도
レコード
*레코드

레미꽁
レミコン
*레미콘

레몽
レモン
*레몬

레잉꼬또
レインコート
*레인코트(비옷)

가타카나를 보지 말고 또박또박 써보세요.

로 [ro]

🌞 손가락으로 화살표를 따라 그려보고 연필로 써보세요.

🐱 가타카나를 보고 천천히 따라 써보세요.

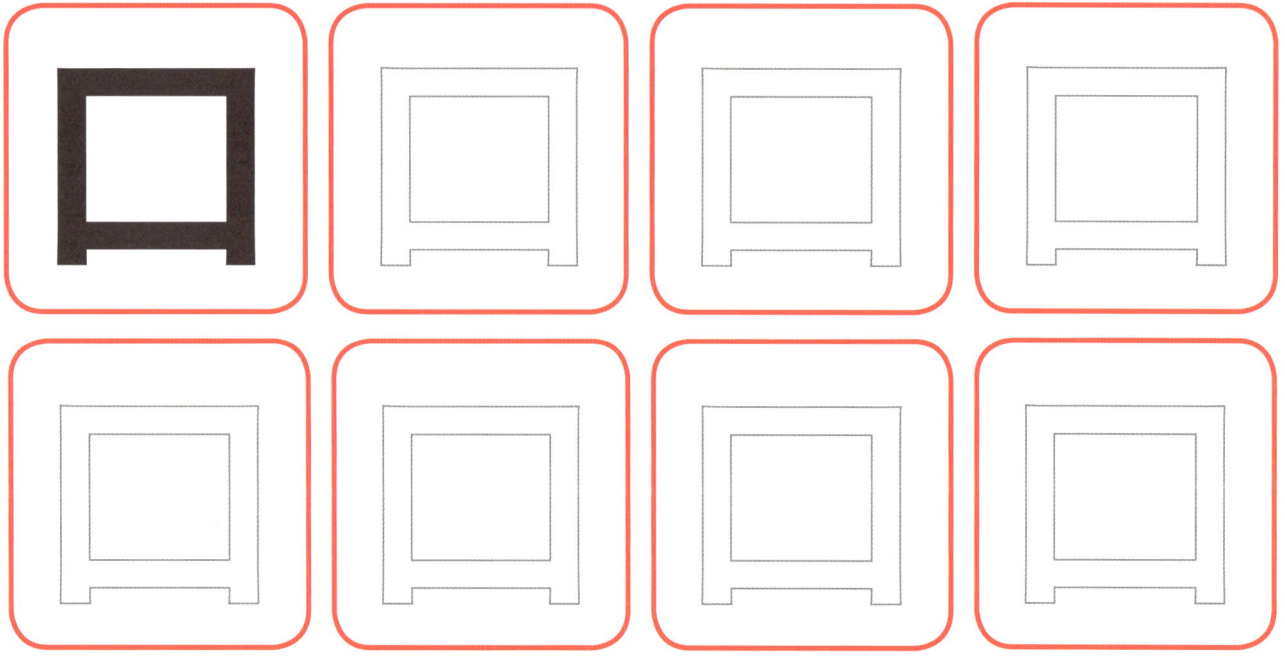

단어를 큰소리로 읽고 가타카나를 예쁘게 색칠해요.

로켓**또**
ロケット
*로켓

로뿌
ロープ
*로프(줄)

로봇**또**
ロボット
*로봇

로라
ローラー
*롤러

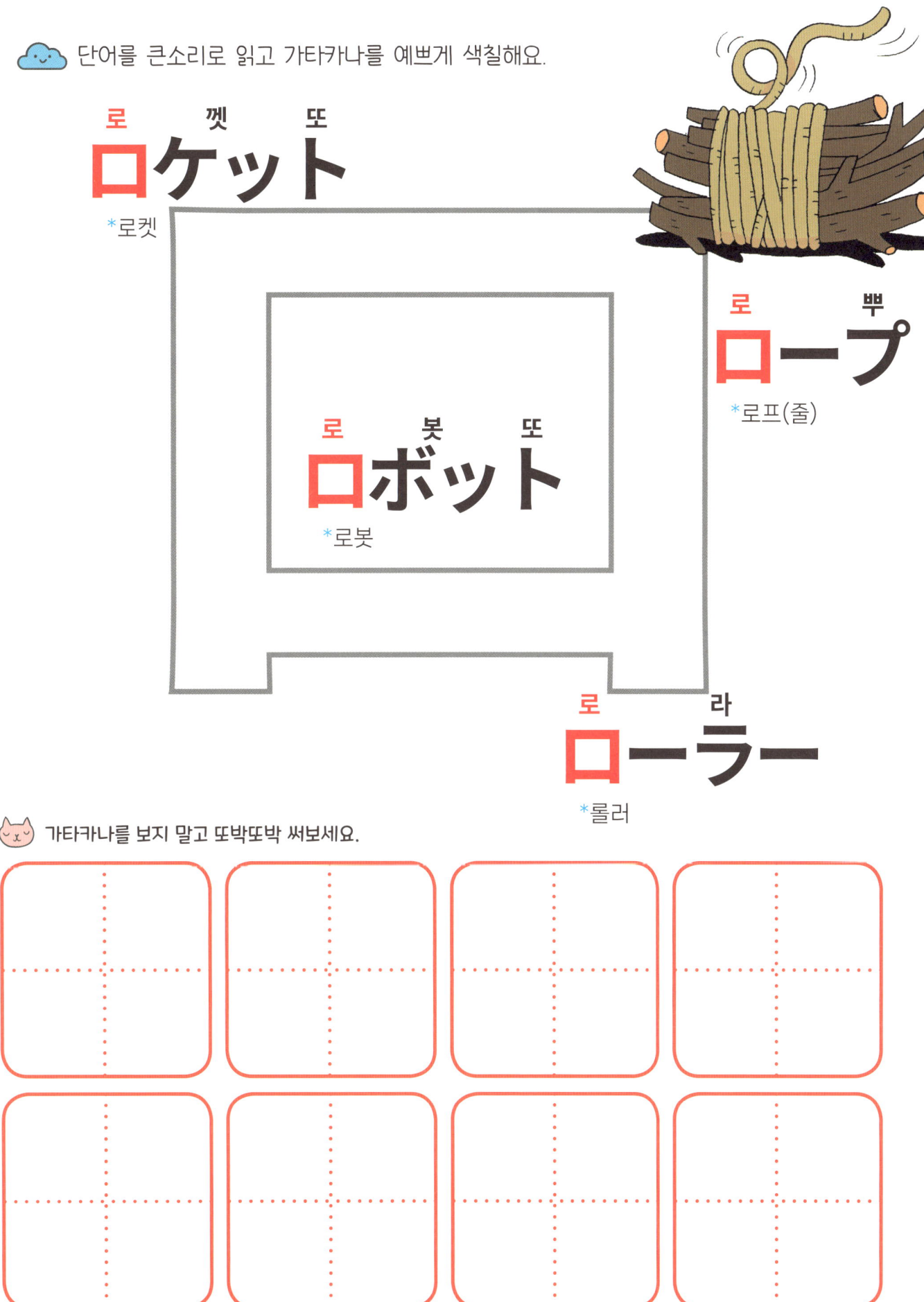

가타카나를 보지 말고 또박또박 써보세요.

👍 다음 가타카나를 보고 알맞는 발음을 선으로 연결해보세요.

ラ・　　　・로
リ・　　　・레
ル・　　　・리
レ・　　　・라
ロ・　　　・루

🍦 다음 발음을 보고 알맞는 가타카나에 동그라미를 치세요

레 [re]　　ラ　リ　ル　レ　ロ

루 [ru]　　ラ　リ　ル　レ　ロ

리 [ri]　　ラ　リ　ル　レ　ロ

로 [ro]　　ラ　リ　ル　レ　ロ

라 [ra]　　ラ　リ　ル　レ　ロ

다음 발음을 듣고 그림에 알맞는 단어를 선으로 연결해보세요.

 다음 발음에 알맞는 가타카나를 네모 칸에 써넣으세요.

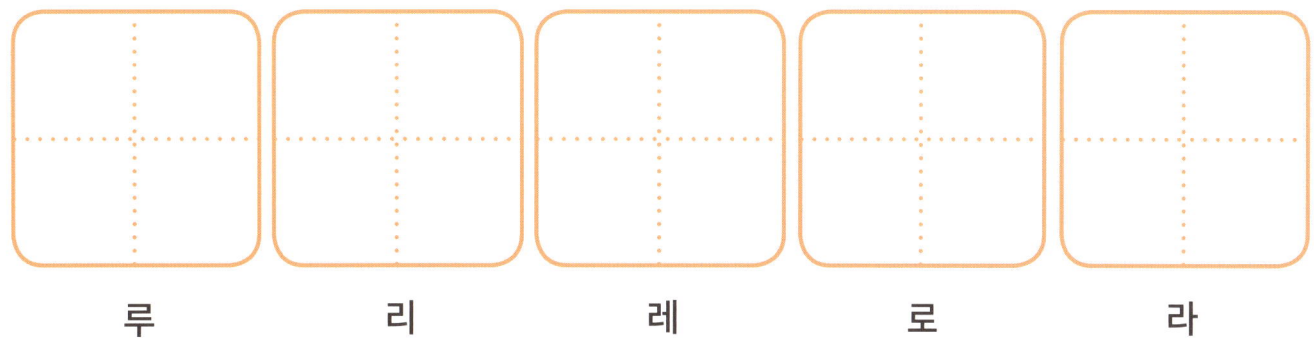

야 [ya]

손가락으로 화살표를 따라 그려보고 연필로 써보세요.

가타카나를 보고 천천히 따라 써보세요.

🌥 단어를 큰소리로 읽고 가타카나를 예쁘게 색칠해요.

야 기
ヤギ
*염소

타 이 야
タイヤ
*타이어

야 꾸
ヤク
*야크

야 시
ヤシ
*야자나무

🐱 가타카나를 보지 말고 또박또박 써보세요.

손가락으로 화살표를 따라 그려보고 연필로 써보세요.

유

[yu]

1 →

2 →

ユ

가타카나를 보고 천천히 따라 써보세요.

ユ	ユ	ユ	ユ
ユ	ユ	ユ	ユ

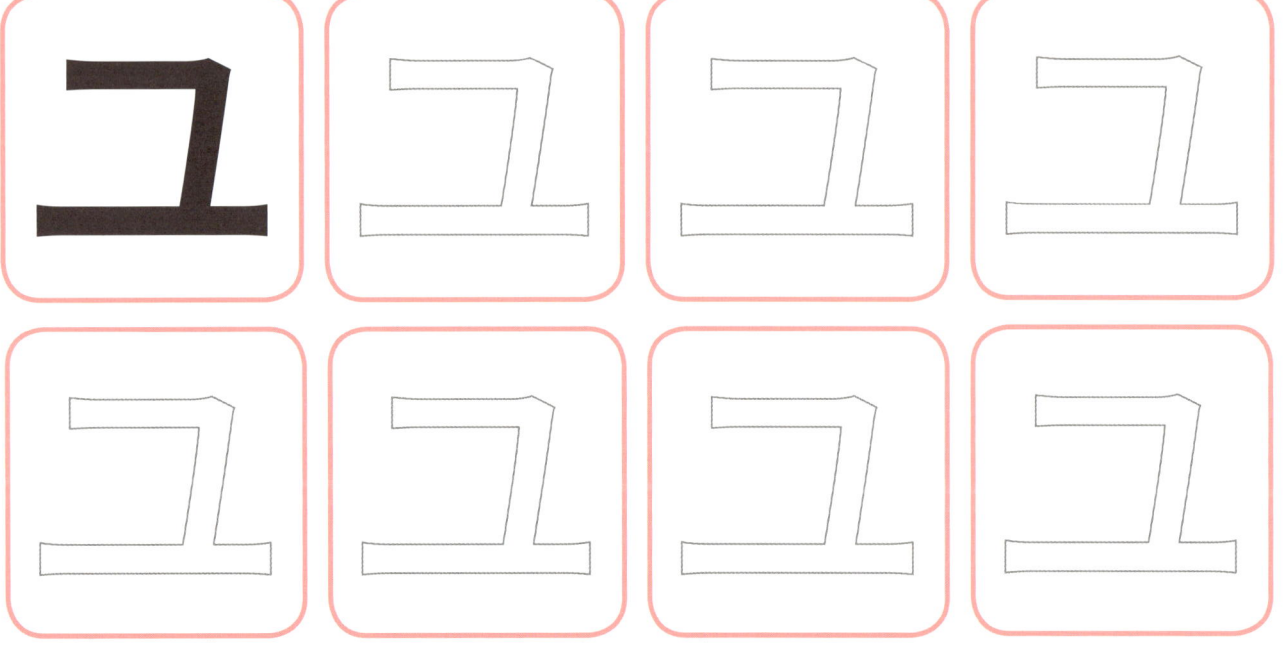

단어를 큰소리로 읽고 가타카나를 예쁘게 색칠해요.

유 로
ユーロ
*유로

유 니 호 무
ユニホーム
*유니폼

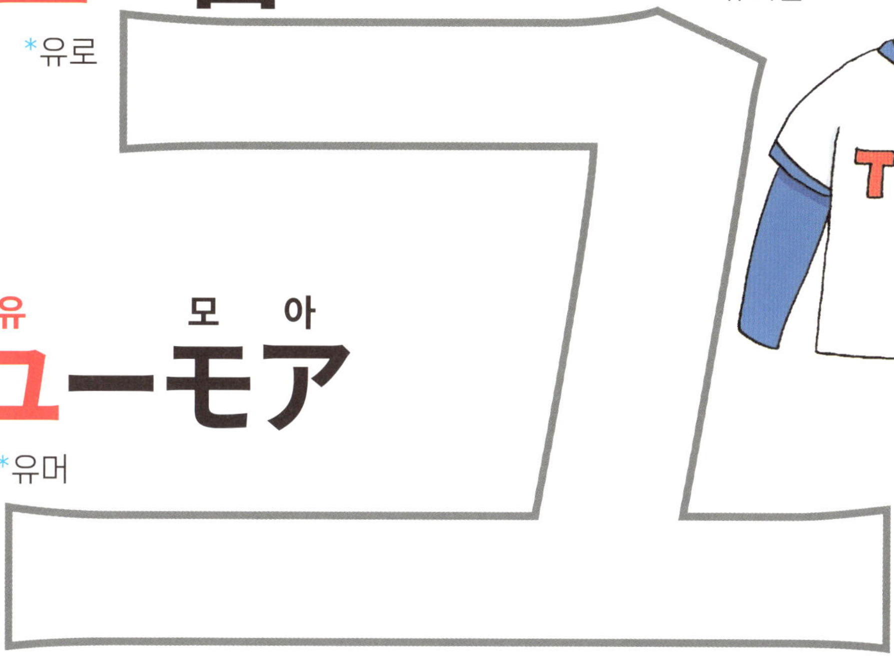

유 모 아
ユーモア
*유머

유 까 리
ユーカリ
*유칼리

가타카나를 보지 말고 또박또박 써보세요.

요
[yo]

손가락으로 화살표를 따라 그려보고 연필로 써보세요.

1→
2→
3→

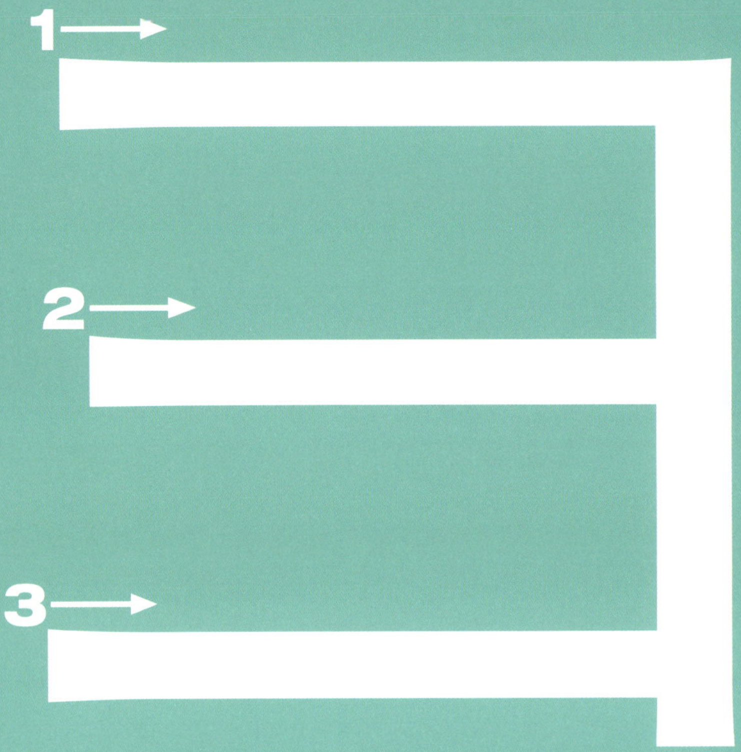

가타카나를 보고 천천히 따라 써보세요.

단어를 큰소리로 읽고 가타카나를 예쁘게 색칠해요.

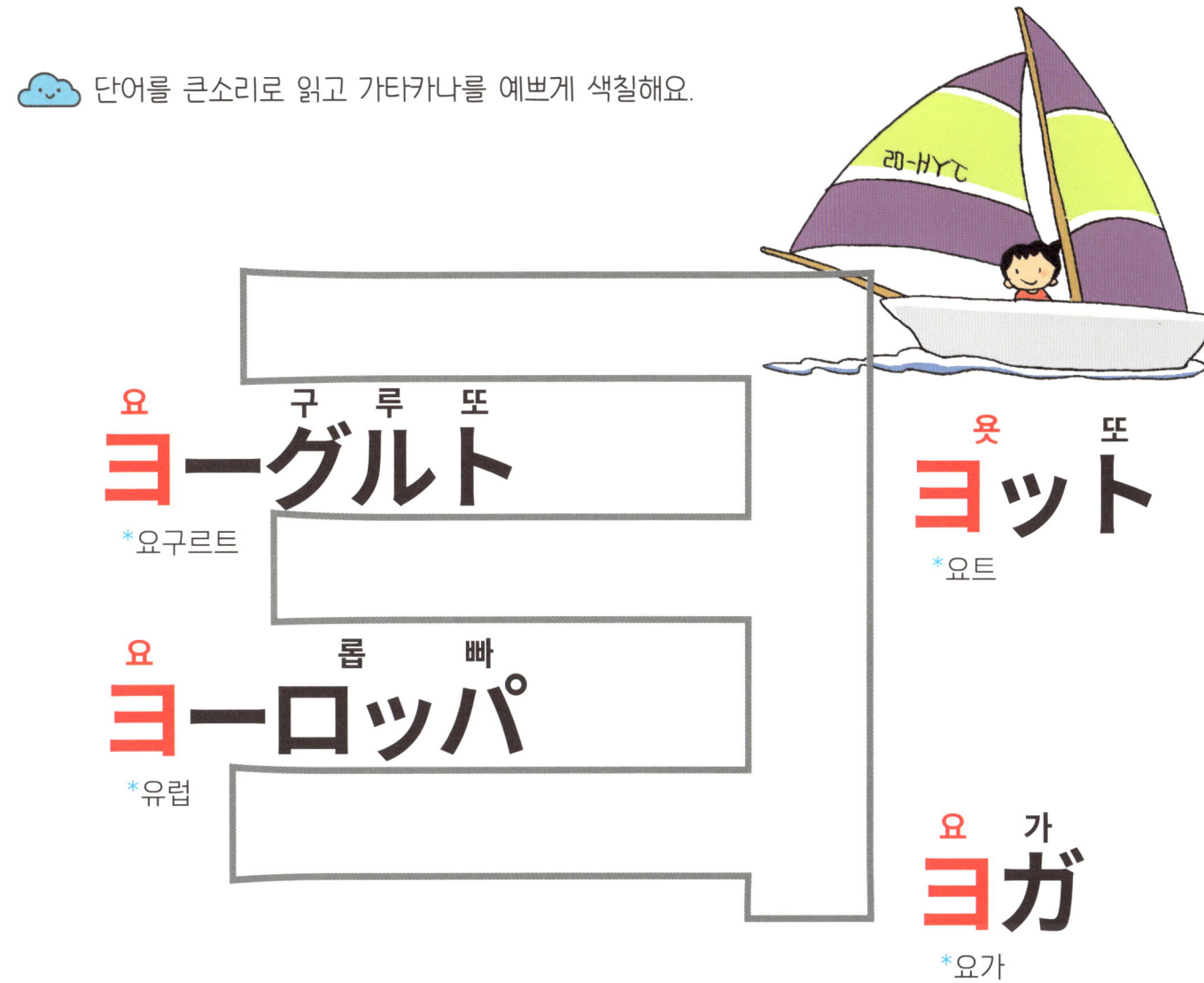

요 구 루 또
ヨーグルト
*요구르트

요 롭 빠
ヨーロッパ
*유럽

욧 또
ヨット
*요트

요 가
ヨガ
*요가

가타카나를 보지 말고 또박또박 써보세요.

손가락으로 화살표를 따라 그려보고 연필로 써보세요.

와

[wa]

1 2

ワ

가타카나를 보고 천천히 따라 써보세요.

ワ

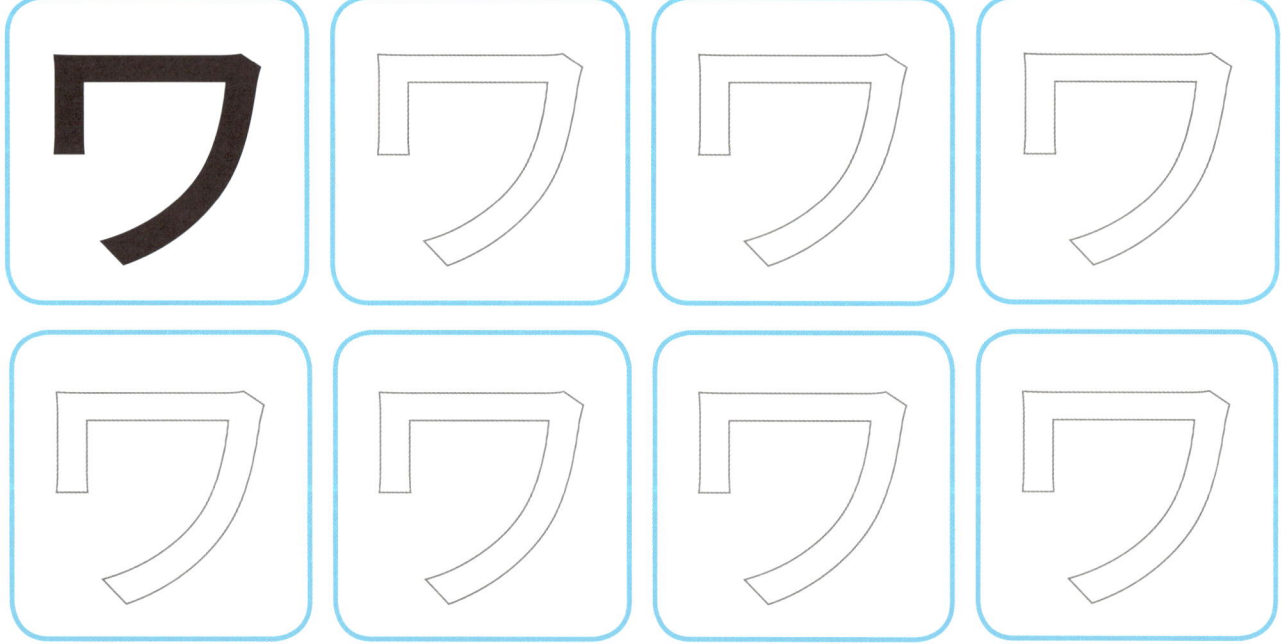

단어를 큰소리로 읽고 가타카나를 예쁘게 색칠해요.

와 이 샤 쯔
ワイシャツ
*와이셔츠

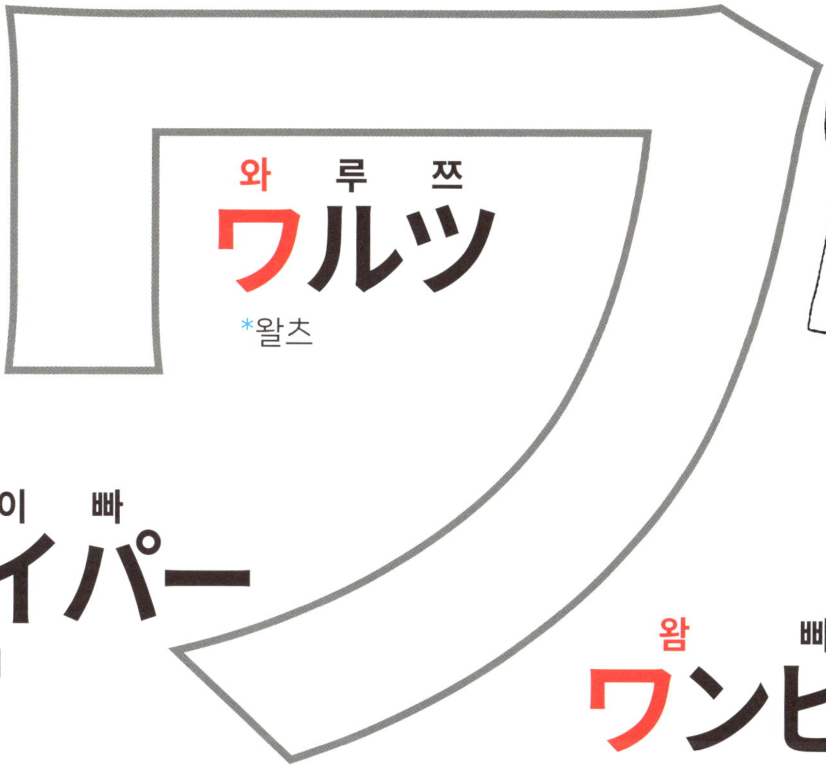

와 루 쯔
ワルツ
*왈츠

와 이 빠
ワイパー
*와이퍼

왐 삐 스
ワンピース
*원피스

 가타카나를 보지 말고 또박또박 써보세요.

ン
[n]

🌅 손가락으로 화살표를 따라 그려보고 연필로 써보세요.

* ン은 단어의 첫머리에는 쓰이지 않아요.

🐱 가타카나를 보고 천천히 따라 써보세요.

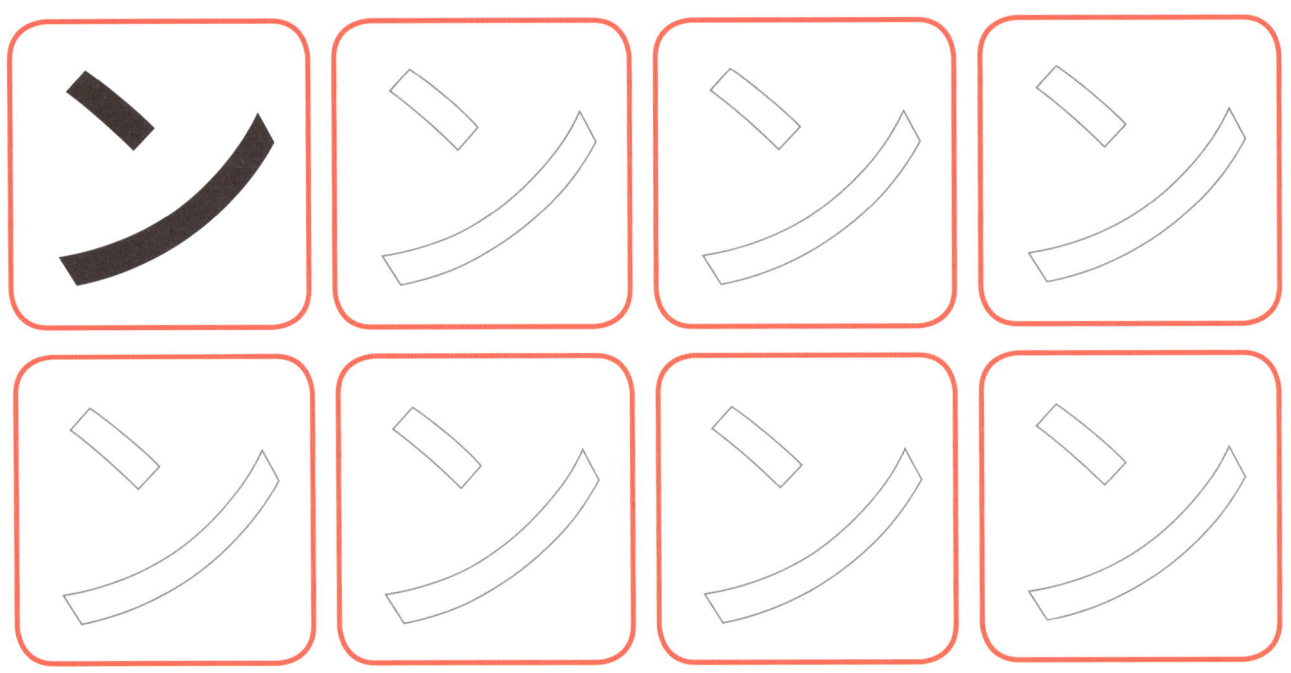

🌥️ 단어를 큰소리로 읽고 가타카나를 예쁘게 색칠해요.

팡
パン
*빵

펭 깅
ペンギン
*펭귄

즈 봉
ズボン
*바지

항 까 찌
ハンカチ
*손수건

🐱 가타카나를 보지 말고 또박또박 써보세요.

다음 가타카나를 보고 알맞는 발음을 선으로 연결해보세요.

ヤ	・	・	유
ユ	・	・	요
ヨ	・	・	야
ワ	・	・	응
ン	・	・	와

🍦 다음 발음을 보고 알맞는 가타카나에 동그라미를 치세요

유 [yu]   ヤ ユ ヨ ワ ン

와 [wa]   ヤ ユ ヨ ワ ン

야 [ya]   ヤ ユ ヨ ワ ン

요 [yo]   ヤ ユ ヨ ワ ン

응 [n]   ヤ ユ ヨ ワ ン

다음 발음을 듣고 그림에 알맞는 단어를 선으로 연결해보세요.

 • • ペンギン

 • • ヨット

 • • タイヤ

 • • ワイシャツ

 • • ユニホーム

 다음 발음에 알맞는 가타카나를 네모 칸에 써넣으세요.

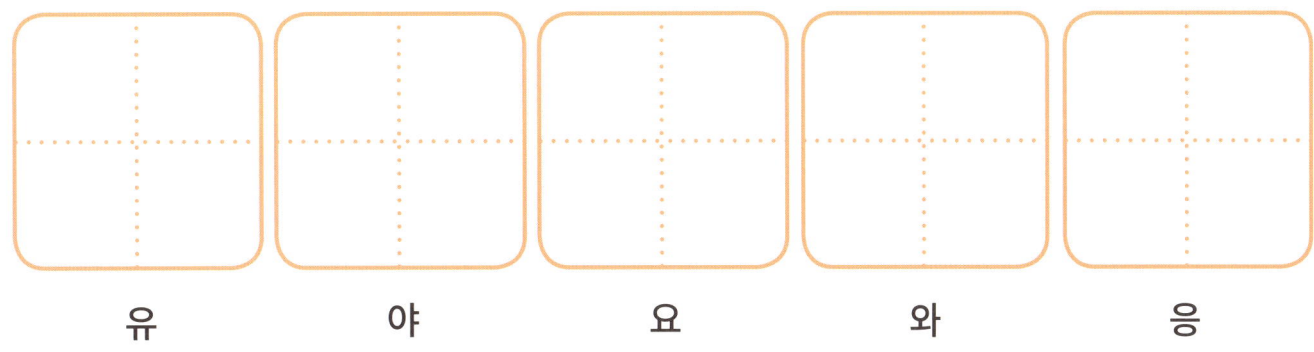

☀️ 손가락으로 화살표를 따라 그려보고 연필로 써보세요.

오
[o]

*ヲ는 オ와 발음이 같아 외래어 표기에는 쓰이지 않아요.

부록

- [゛]이 붙은 가타카나
- [゜]이 붙은 가타카나
- 작은 [ャュョ]
- 작은 [ッ]

ガ ギ グ ゲ ゴ

가[ga]　　기[gi]　　구[gu]　　게[ge]　　고[go]

가 스
ガス
*가스

기 따
ギター
*기타

구 로 부
グローブ
*글러브

게 무
ゲーム
*게임

고 리 라
ゴリラ
*고릴라

ガ ギ グ ゲ ゴ

ザ ジ ズ ゼ ゾ

자[za] 지[ji] 즈[zu] 제[ze] 조[zo]

ザイル 자이루
*자일(등산용 밧줄)

ジュース 쥬-스
*주스

ズボン 즈봉
*바지

ゼロ 제로
*제로(0)

ゾンビ 좀비
*좀비

ザ ジ ズ ゼ ゾ

ダ	ヂ	ヅ	デ	ド
다[da]	지[ji]	즈[zu]	데[de]	도[do]

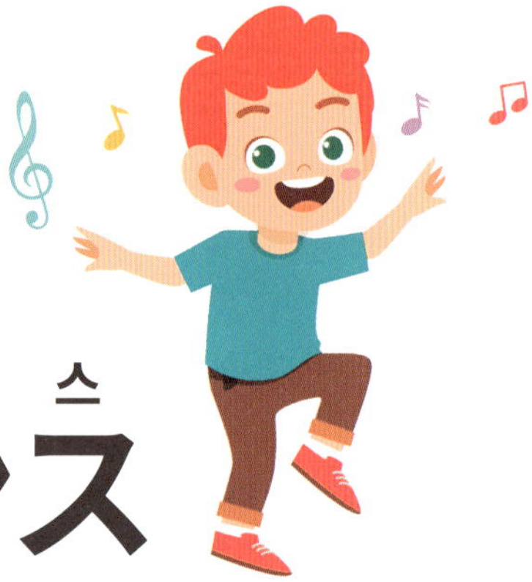

ダンス (단스)
*댄스(춤)

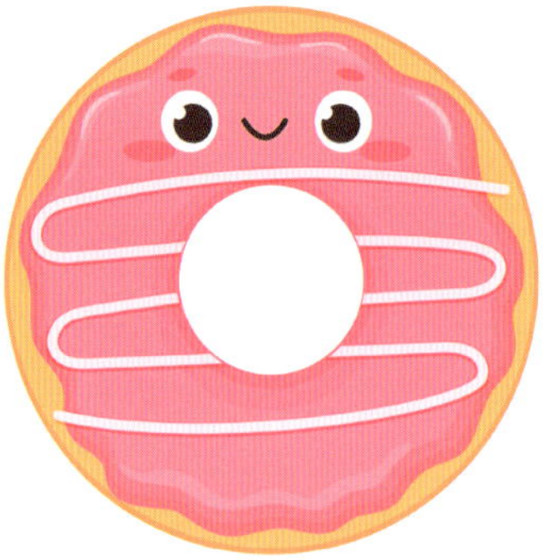

ドア (도아)
*도어(문)

データ (데따)
*데이터

デパート (데빠또)
*백화점

ドーナツ (도나쯔)
*도넛

*ヂヅ는 ジズ와 발음이 같아 거의 쓰이지 않아요.

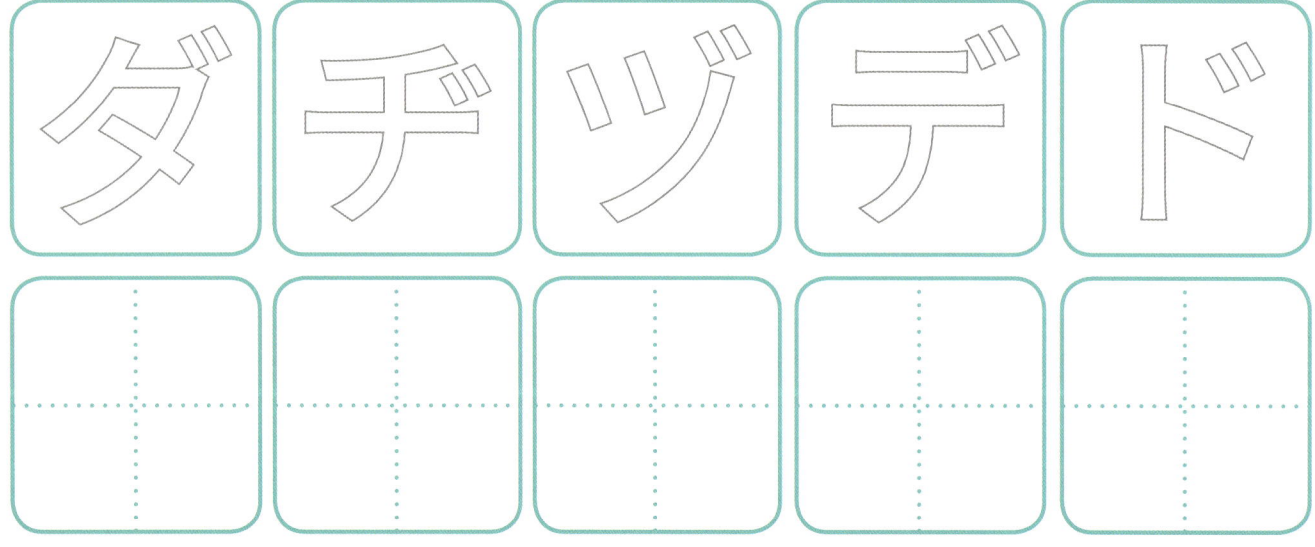

バ	ビ	ブ	ベ	ボ
바[ba]	비[bi]	부[bu]	베[be]	보[bo]

바 나 나
バナナ
*바나나

비 데 오
ビデオ
*비디오

부 레 끼
ブレーキ
*브레이크

베 루 또
ベルト
*벨트

보 또
ボート
*보트

パピプペポ

パ	ピ	プ	ペ	ポ
파[pa]	피[pi]	푸[pu]	페[pe]	포[po]

피아노
ピアノ
*피아노

판 다
パンダ
*판다

푸 딩 구
プディング
*푸딩

페 다 루
ペダル
*페달

포 스 또
ポスト
*우체통

パ ピ プ ペ ポ

キ シ チ ニ ヒ ＋ ャ ュ ョ

캬 라꾸따
キャラクター
*캐릭터

샤 쯔
シャツ
*셔츠

챰 삐 옹
チャンピオン
*챔피언

큐 - 리
キュウリ
*오이

메 뉴
メニュー
*메뉴

휴 즈
ヒューズ
*퓨즈

쵸 꼬 레 또
チョコレート
*초콜릿

숖 삥 구
ショッピング
*쇼핑

123

ミリギジビピ + ヤユヨ

ギャラリー
*갤러리

ミャンマー
*미얀마(나라)

ジャンパー
*점퍼

ミュージカル
*뮤지컬

ピューマ
*퓨마

ビュー
*뷰(전망)

ギョーザ
*교자(중국식 만두)

ジョーク
*조크

ッ + カサパタ

삭 까
サッカー
*사커(축구)

복 꾸 스
ボックス
*박스(상자)

멧 세 지
メッセージ
*메시지

쿳 숀
クッション
*쿠션

산 도 잇 찌
サンドイッチ
*샌드위치

캇 따
カッター
*커터

캅 뿌
カップ
*컵

요 롭 빠
ヨーロッパ
*유럽

● 그밖에 외래어를 표기할 때

1. 가타카나 장음은 장음부호(ー)로 표기합니다.

チーズ *치즈 （치 즈）　　**スーパー** *슈퍼 （스 빠）

コーヒー *커피 （코 히）

2. f-는 フ 다음에 작은 글자 ァィゥェォ를 붙여 표기합니다.

ファイル *파일 （화 이 루）　　**フィルム** *필름 （휘 루 무）

フォーク *포크 （휘 꾸）

3. ti-, di-는 テ, デ에 작은 글자 ィ를 붙여 ティ, ディ로 표기합니다.

ティー *티(차) （티）　　**ハンディ** *핸디 （한 디）

ビルディング *빌딩 （비 루 딩 구）